ワールド・カフェから始める地域コミュニティづくり

実践ガイド

香取一昭 Katori Kazuaki
大川 恒 Okawa Kou

学芸出版社

はじめに

まちづくりや地域活性化だけでなく、災害や介護、医療に、地域ぐるみで取り組むことが求められている現在、地域コミュニティの必要性が日本中から聞こえています。一方、オープンイノベーションなど、一企業組織を超えたテーマ型のコミュニティも最近はかなりつくられるようになってきました。

しかしながら、所属を超えてのコミュニティづくりは、内に閉じがちな組織文化を持つ多くの日本の組織において簡単なことではありません。創造性に富んだ会話ができる場とプロセスから新たなチームやコミュニティが生まれてくるワールド・カフェは、ビジネスだけでなく地域づくりにおいても数多く用いられてきています。

ワールド・カフェで話し合うことで、参加者全員がお互いの思いを伝え合い、ビジョンをイメージとして感じとることにより、参加者が協働へ踏み出す勢いやリズム、一体感が生まれてきます。ワールド・カフェは地域コミュニティづくりの起点、あるいは孵化器になります。

今、地域では、希薄になっている地縁コミュニティに変わり、取り組みたい課題をテーマにし、外部の方も入りやすいオープンなコミュニティが求められています。そのようなコミュニティをいかに形成するか、価値を生む創造的な活動をいかに継続的に実行していくかが重要です。

地域コミュニティづくりの主役は、あくまでも地域の住民と、その地域の組織で働いている人々（その地域に居住していない人も含まれる）であるということを著者たちは強く主張したいと思います。もちろん、外部の専門家などに助言を求めたりすることはありますし、その地域に深い愛着を持ち貢献意欲溢れる外部の方々の協力も大きな力になります。

コミュニティに参加する人の当事者意識と実践こそ、地域に活力を与え、課題を解決し、未来を切り開いていく源であるということを忘れてはなりません。補助金の消化として、その場限りのやっつけイベントを高額の外部ファシリテーターを雇って行うことが地方創生につながるとは到底思えません。

本書では、これまで2千人近いワールド・カフェの進行役（カフェ・ホスト）を養成してきた著者たちが21世紀型と呼ぶ新しいコミュニティについての概要、地域コミュニティづくりにワールド・カフェを取り入れる際のポイントと、コミュニティづくりのプロセスについて、事例も交えて解説します。

地域コミュニティをつくることに思いをはせる読者の方々が、地域の方々に呼びかけてカフェ・ホストとなってワールド・カフェを開催しコミュニティづくりへの第一歩を踏み出していくことを心から願っております。

contents

2章 ストーリーで学ぶワールド・カフェ〈企画立案編〉

3章　ワールド・カフェ当日の進行ガイド〈開催編〉

4章　地域にコミュニティをつくるためのプロセスデザイン

5章 ワールド・カフェをきっかけとした地域の本質課題への取り組み

1章

コミュニティが生まれる土壌をつくる
ワールド・カフェ

1　今なぜ新しいコミュニティが求められているのか？

今、地域コミュニティに対する関心が高まっています。本書で取り上げた事例を見ても空き家の活用、商店街の活性化、子育て支援、新しい働き方、地域包括ケア、コスプレイベントなど様々な分野やテーマについてのコミュニティが積極的な活動を展開しています。

こうしたコミュニティに人々が集うのはなぜでしょうか？

そこには１９９０年代から始まった大きな時代の変化とパラダイムの転換があるのだと思います。そうした中で本書のテーマである地域コミュニティに関連する主なトレンドについて以下に述べることにします。

スピードと効率優先が孤立する個人を生み出した

高度成長期からネットバブルとその崩壊、グローバル化の進展などの時代を通じて、ビジネスにおいてはスピードと効率を最優先する風潮が支配的でした。しかし、このことは人間をあたかも機械の部品のように扱う風潮を引き起こし、仕事の専門分化を推し進めました。その結果、人々が孤立する「分断の文化」をもたらしたのです。

バブル崩壊後の90年代から始まった「失われた20年」の時代に入り、「分断の文化」から「つながりの文化」への志向が強まってきました。そして、このことが様々なコミュニティを生み出す一つの背景となっているのです。

本書で紹介する非営利型株式会社Polarisが主宰する「仕事軸のコミュニティ」では、共通の悩み事を持ちながら、ややもすると孤立化してしがちな、仕事を持った子育てママが、ワールド・カフェを通じて踏み込んだ話のできる関係をつくっています。

地方の人口減少

農山漁村を中心とした地方における人口減少が問題になっています。その原因としては、産業が衰退して、雇用機会が失われてきていることが挙げられます。仕事がなければ生計が立てられないため、若者が都会に出て行ってしまうことになり、人口が減ると学校や病院の閉鎖が始まり、家族が生活していくのに基本的な教育、医療サービスが地元で受けられなくなり、スーパーマーケットのような食料品店、薬局、自動車整備会社の閉鎖などサービス産業の衰退をもたらすことがさらに人口減少に拍車をかけています。

様々な理由で地方から都会への人口流入の増大が深刻さを増しています。本当に地方が消滅してしまうのかどうかは別として、このことは地域おこしに対する関心を高めることになりました。「村や集落が消滅するようなことがあれば祖先に合わせる顔がない」「なんとしても村や集落の消滅を回避したい」という長年地域に暮らし、農山村のコミュニティを維持してきた人々の切実な思いのこもった声が聞こえます。そしてこれを契機に衰退する町を復活させたいという様々な取り組みを生み出しています。

例えば、塩尻市では、自治体の職員が自ら空き家を借りて、イベントなど様々な活動を行いながら、地域の人々と出会い、商店街の賑わいづくりの活動をしています。その場所が中心となって、地域住民や地域外の若者など興味・関心に惹かれた多様な人が集まる場となり、移住者が増える可能性が出てきています。また、桜井市では、地元商店主を中心とする「まちづくり協議会」と、大学、若者が連携して商店街の活性化に取り組んでいます。

全国に広がる空き家問題

人口減少は農山漁村のみならず、人口流入が言われる大都市圏の住宅地、商店街などでも問題となっており、そこでは独居高齢者の増加、空き家・空き店舗の増加が目立ち、行政や自治会などで課題となっています。

高度成長期に生まれ育った子ども世代が独立して居を移し、親世代が老人ホームや病院で暮らすようになると、その家には住む人がいなくなり空き家となります。住宅街における空き家の増加は、都市における地域コミュニティの崩壊を意味します。都市部における地域コミュニティの崩壊は生活環境の悪化、福祉の低下、風紀・治安の悪化を招きます。すでに、都心から電車で1～1時間半の首都圏周辺地域や地方大都市圏でも、このような空き家問題が起きています。

本書で取り上げる塩尻市と桜井市の事例で共通しているのは、空き家となっている商店などを活用して商店街を活性化したり、コミュニティの拠点として活用しようとする動きです。

定年退職を迎えた団塊の世代の居場所探し

戦後、「戦後子」「ニューヤング」「ニューファミリー」とその時々に出世魚のごとく名前を変えながら常に注目を浴び続けてきた団塊の世代が定年退職を迎えました。これまで会社一筋、仕事一筋だった彼らは地域に戻って居場所探しを始めています。地域を基盤にしながら新しいつながりを模索する動きは様々なコミュニティ活動を生み出しています。各地域では、シニアが中心となったボランティア活動や趣味の会などが盛んに行われるようになりました。

京都市伏見区では、定年退職をしたシニアたちが積極的に参加して、環境保護、孤立支援など、地域課題の解決に取り組む活動が始まっています。

インターネットが地理的制約を解き放った

90年代に始まったインターネットの普及は、経済活動のみならず社会生活のあり方にも大きな影響を与えました。メールやSNS、映像通信が広く使われるようになり、人々の交友範囲は格段に広がり、国内のみならず海外の仲間とも緊密な人間関係を構築することができるようになりました。

このことは、地域の中にあっても、様々な目的や関心を共有する仲間を探し、活発に活動を展開するコミュニティの活動をやりやすくしています。

本書で紹介するPolarisが運営する「シゴト軸のコミュニティ」では、ワールド・カフェというリアルの場で交流を深めるだけでなく、「セタガヤ庶務部」というインターネットのクラウドサービスを活用してメンバーが協力し合いながら、はたらく仕組みづくりや場づくりをしています。

多様化し複雑化する社会問題への異業種連携による対応

今、地域は様々な社会問題を抱えています。そうした課題としては、人口減少、高齢化、商店街の衰退、農業の後継者不足、待機児童、地域医療、高齢者介護、雇用機会の創出、観光人材の育成など多岐多様に渡っています。そしてそれらの課題は様々な要素が相互に絡み合って複雑性を増しています。こうした課題に対処するためには異なる業種や専門分野の人が境界を超えて協力し合う必要があり、そのことも地域コミュニティの背景となっているのです。

本書で紹介する桜井市のNPO法人「医療と介護のボランティアさくらい」は、医療や介護の専門家と地域住民や地域の企業が連携して、まちづくり活動をしています。

関心領域の多様化

人々の興味、関心の領域が多様化してきています。インターネットの普及により、入手可能な情報が格段に広がったことが興味関心の領域を広げる原因になっていると思われます。その結果、興味や関心を同じくする仲間が共にテーマについて探求するコミュニティを生み出しているのです。

本書で紹介する事例では、宮代町におけるコスプレイベントを開催することで町を訪れる人を増やし、地域のイメージアップに繋げている事例、塩尻市における地域コミュニティ活動の拠点づくりをしたところでワイン好きが集まるコミュニティができた事例などがあります。

2　今求められている地域コミュニティとは

コミュニティのあり方が変わった

私たちが日頃何気なく使っている「コミュニティ」という概念は、前世紀のはじめにアメリカの社会学者であるマッキーバーによって初めて定義されました。当時のアメリカは産業化が急速に進み、大勢の人々が農村から都会に流れ込んできていました。都会に移り住んだ人々は、ムラ社会の煩わしい人間関係から解放されたと感じる一方で、「隣は何をする人ぞ」の環境の中で寂しさを感じるようになりました。

そこで、濃密な人間関係に特徴づけられる地縁型のコミュニティではない、新しい関係性のあり方に基づくコミュニティの姿が求められるようになりました。本書ではそれを「21世紀型コミュニティ」と呼ぶことにします。

私たちは、コミュニティを、「目的を共有し、信頼関係にあるメンバーが、その目的達成のために、連携して様々な活動を行うヒューマンネットワーク」であると理解しています。

そうした中で今、再び地域コミュニティが注目されています。しかし、それはマッキーバーが注目した伝統的な地域コミュニティではありません。出入り自由で、複数のコミュニティに参加可能な21世紀型コミュニティの地域版とでも言える性格を持ったものなのです。

21世紀型コミュニティの特徴

今、私たちが求めている望ましいコミュニティを「21世紀型コミュニティ」と呼ぶならば、それはどのような特徴を備えているのでしょうか？　伝統的な地域コミュニティとの対比で述べると次のような特徴が見えてきます。

目的、興味、関心を共有し、帰属意識を持って参加している

伝統的な地域コミュニティでは、その地域の住民は自動的に地域コミュニティの一員として組み込まれることになります。しかし、21世紀型コミュニティでは、「子育てを支援したい」とか「地域医療を充実したい」「ファシリテーションのスキルを学びたい」などという特定の目的や興

味、関心を共有する人々が集まって活動を展開するところに特徴があります。

自由意志で参加している

ある町に住めば、ほぼ自動的に加盟させられる町内会のようなものとは違って、21世紀型コミュニティに加入するかどうかは、一人ひとりの自由意志に任されています。また、一旦メンバーになったとしても、自分が望んでいたものと違うと思えば退会することも自由です。「出入り自由」が21世紀型コミュニティの特長なのです。

複数のコミュニティへの参加が可能になっている

「目的を共有する仲間の集まり」で「出入り自由」だということから、人々は複数のコミュニティに所属することが可能という特徴も生まれます。多様化の時代にあって、人々の興味や関心の分野は様々です。21世紀型コミュニティは、特定の目的や興味、関心によって引き寄せられた人々が集まるので、こうしたことが起こることは容易に考えられます。

組織を超えて共通の課題に取り組んでいる

地域課題を解決するには、自治体、病院、商工会など個別組織だけでは難しくなってきました。

21世紀型コミュニティでは、共通の課題を持つ他の組織と連携して活動を行っていきます。

多くの日本の地域における組織は、まだまだ内側に閉じる傾向にあり、組織の外に出て他の組織と協働する活動に踏み出すことに組織としても個人としても抵抗感を持っています。それらの困難を乗り越えて、日本の各地で地域のすべての組織が共有する課題の設定とそれに向けて組織を超えて力を合わせて行動することが求められています。

指示命令でなく、自律的運営がなされている

人は指示命令によってでは能力を十分に発揮することはできません。そもそも21世紀型コミュニティは、メンバーが自由意志で参加したのであり、出入り自由なのですから、強制されるようなことがあるとメンバーがいなくなってしまいます。ですからメンバーが緊密にコミュニケーションをはかり、丁寧な合意プロセスを踏んで自律的に運営していくことが求められます。

また、こうしたことを可能にするためには、上下関係を伴う階層型組織ではなく、フラットな人間関係を基本にすることが求められます。

安心と信頼をベースにした関係に基づいている

自由意志で集まった人々が、目的や興味、関心を共有して、対等な立場で自由に意見を述べ合

い、協働していくためには、安心で信頼のできる場が必須の条件です。

21世紀型コミュニティが成功するためには、コミュニティの立ち上げに際して、メンバーの間に安心で信頼できる関係をつくり上げていくことが極めて重要です。

また、後述するリアルとバーチャルの様々なコミュニケーション手段を活用して緊密な情報共有と意思疎通を維持し続けることが求められます。

地理的制約から解放されている

21世紀型コミュニティの最大の特徴は、地理的な制約から解放させているということです。交通手段やインターネットをはじめとする情報通信手段の飛躍的な発展により、私たちは「第3次産業革命」と言われる時代に生きています。

特に情報通信の発達には眼を見張るものがあります。筆者はしばしばウェブ会議システムを活用した会議やワークショップに参加するのですが、北海道や沖縄、台湾、マレーシア、ジュネーブ、サンフランシスコなど地球上の様々な地域からの参加者と、PCやタブレット端末の画面を通して対話できます。そうしたとき、画面上に現れる人々は、そこに「居る」という感覚になります。メーリングリストやSNSも含めた情報通信メディアの存在により、私たちは地理的な制約から解放されて、思いを共有する仲間と様々なコミュニティをつくることができているのです。

リアル、バーチャルを問わない様々なコミュニケーション手段を活用している

前項で述べたように、私たちは情報通信手段を活用した様々なコミュニティ機能の恩恵を受けていますが、対面コミュニケーションの重要性はいささかも軽視することはできません。それぞれが別々の場所にいて情報通信ツールを活用してコラボレーションをしている「バーチャル・チーム」が成功するためには、リアルで顔を合わせて信頼関係を築くことが必要かもしれません。21世紀型コミュニティは、リアルとバーチャルをシームレスにつないでコミュニケーションし、コラボレーションするコミュニティなのです。

多様性を尊重している

私たちは今「グローバル化」という不可逆的な時代の流れの中にいます。グローバル化の時代は、多様なものの見方や、生活習慣、文化、価値観などの存在を認め、積極的に受け入れていこうとする」ダイバーシティ&インクルージョン」の時代でもあります。こうした状況の中で、コミュニティ活動を成功させるためには、年齢や業種を超えて、目的を共有できる様々な人々の参加を求めていく必要があります。

薄膜のバウンダリーを持っている

コミュニティには、「境界（バウンダリー）」があります。コミュニティの境界としては、扱うテーマに関心のある人とか、居住地、その他参加者の属性などがあります。バウンダリーはコミュニティのあり方を決める極めて重要な要素であり、それがなければ、そもそもコミュニティは存在しません。

しかし、俊敏で活力のあるコミュニティづくりを目指すなら、多様性を内包することが重要であることはもとより、出入り自由な「薄膜のバウンダリー」にすることにより、絶えず変化する環境に対応し多様性を取り入れていけるようにすることが肝要です。

個が大切にされ、独立した個人がつながりをつくる

前述のように、21世紀型コミュニティでは、コミュニティメンバーはコミュニティの目的に共感し、活動に関心を持っています。一方、一つのコミュニティに属することが個人の究極の目的ではありません。

また、多様性が重視されるということは、コミュニティに属していても個々のメンバーは自分の価値観や価値基準を持っていることが尊重されます。コミュニティから個人がコミュニティ内

部の価値観や考えを持つことを強制されることはありません。

このように、コミュニティでは、個が大切にされ、一個人として独立しています。また、独立した個人がコミュニティの内部や外部でつながりをつくる活動をしています。このような、個人として外部とつながる活動も尊重されるのです。

21世紀型コミュニティのキイパースン

上記のような特徴を備えた地域の21世紀型コミュニティに参加することはすべての人にとって容易なことではありません。

日本の地域のコミュニティには、農村型コミュニティの内側に閉じる傾向があります。また、日本の企業など民間組織にも、そのような風土は残っています。そんな、コミュニティや組織に適合しては生活し、働いた人が、所属組織や既存の枠組みの境界を越えて21世紀型地域コミュニティに参加して活動すること自体に抵抗感を感じてもおかしくはありません。

21世紀型地域コミュニティのメンバーになって活動するには、所属組織や既存の枠組みの〈境界を越える〉ことが必要になってきます。

また、メンバーの価値観や利害が異なりますので、課題を共有し力を合わせようとしても、対立が発生しやすくなります。

メンバー間の違いを対立や離反に発展させることなく、それぞれの持つ異なるものの見方や知識やスキルの強みや特徴をつないで〈価値を創造する〉ことが重要になります。そんなスキルをコミュニティ全体とそのメンバーのために発揮できることがメンバーに求められるのです。

上記のような姿勢やスキルを持った21世紀型コミュニティにおけるキイパースンとしては、ナレッジブローカーと越境型リーダーがあります（コラム参照）。

colmun 1

ナレッジブローカー　知の媒介役

石山恒貴（法政大学大学院政策創造研究科　教授）

ナレッジ・ブローカーとは、簡単に言うと、知識の仲介を行う存在の個人です。本書では、多様性が尊重され、独立した個人がつながる21世紀型コミュニティのあり方が詳しく書かれています。ナレッジ・ブローカーは、多様な人々を仲介して、その異なるアイデアを結びつけて、新しい知識を創造する触媒のような存在です。そのため、21世型コミュニティには欠かせない存在であると言えるでしょう。

もともと、ナレッジ・ブローカーの考え方を示したのは、実践共同体の提唱者の一人であるエティエンヌ・ウェンガーです。実践共同体とは21世紀型コミュニティと重なる部分も大きい概念ですが、「あるテーマに関する関心や問題、熱意などを共有し、その分野の知識や技能を、持続的な相互交流を通じて深めていく人々の集団」[*1]を意味します。つまり、同じ興味、関心を持つ人々が自発的に参加し、学びあう集団が実践共同体になります。

そのため実践共同体は、同じ興味、関心を持つ人々が知識を創造していく場として非常に貴重であると言えます。ただ問題は、同じ興味、関心を持つがために同質性が強くなりすぎる可能性があることです。同質性が強すぎれば、新しいアイデアを取り入れることが難しくなるかもしれません。そこで、同質性を越えて、異質で多様な人々のつながりをつくることが重要になります。実際に本書でも、活性化している21世紀型コミュニティでは、地域コミュニティでは、地域の多様な関係者がうまくつながっています。

では、どのようにすれば、異質で多様な人々のつながりをつくることができるのでしょうか。そのヒントとなるものが、ウェンガーの示したナレッジ・ブローカーという存在です。[*2] ウェンガーは、人は一つだけの実践共同体に所属するのではなく、同時に複数の実践共同体に所属すると考えました。複数の実践共同体においては、それぞれ、ものの見方、考え方、知識が異なります。異なるものの見方、考え方、知識であるからこそ、それらが出会った時には新しい知識が創造される。ウェンガーはそう考え、複数の実践共同体をつなぎ、異なるものの見方、考え方、知識を伝える存在を、ナレッジ・ブローカーと呼んだのです。

21世紀型コミュニティではない伝統的なコミュニティの中には、出入り自由ではない束縛型のコミュニティがあるかもしれません。そのようなコミュニティでは、同じ釜の飯を食べ、同じものの見方、考え方をし、コミュニティに忠誠をつくすことだけが優先されるかもしれません。そうした束縛型コミュニティでは、そもそも同時に他のコミュニティに所属することは、裏切り行為として非難されるかもしれません。そのため、他のコミュニティのものの見方、考え方を知ることには関心もないし、むしろ、知ろうとすることが禁じられてしまうかもしれません。

これに対し21世紀型コミュニティは、複数のコミュニティに参加することが可能ですし、自由意志による参加も原則なので、出入り自由でオープンであることが特徴です。このような21世紀型コミュニティの特徴は、ナレッジ・ブローカーの存在と非常に親和性があります。

ところが、21世紀型コミュニティであっても、ナレッジ・ブローカーが歓迎されるとは限りません。出入り自由でオープンなはずなのに、筆者の調査[*3]では、ナレッジ・ブローカーによる他のコミュニティの知識の紹介に、抵抗が示される可能性があることがわかりました。やはり人にとっては、普段なじみのない考え方を受け入れることは簡単ではないようです。

そこで、ナレッジ・ブローカーには、21世紀型コミュニティの本来的な特徴を実現し、多様で異質な人々につながりをつくるために、様々な能力が求められることになります。たとえば、初対面の人々とうまく打ちとけるスキル、否定的な意見を怖がらずに多様な意見を聴取するスキル、コミュニティに新しい人々の参加を促すスキル、多様な意見の合意形成を図るスキルなどが、そうした能力に当てはまります。

また、他のコミュニティのものの見方、考え方をそのまま伝えても、うまく伝わるとは限りません。そこで、他のコミュニティのものの見方、考え方を、うまく翻訳してあげるスキルも必要になります。ただ、とりわけナレッジ・ブローカーにとって重要な資質は、こうした多様性を尊重しつつ、その多様性を統合し新しい知識を紡ぎ出していくことに関心や好奇心があることなのかもしれません。

ナレッジ・ブローカーに求められる能力は、伝統型コミュニティでは、さほど必要ではなかったのではないでしょうか。伝統型コミュニティでは、むしろ同質性を尊重することが求められていたと言えます。しかし21世紀型コミュニティが芽生え、躍動していく時代においては、ナレッジ・ブローカーという存在に着目し、その育成を図っていくことが求められるのではないでしょうか。

【注】

＊1　Wenger, E., McDermott, R., & Snyder, W. M.（２００２）“*Cultivating communities of practice*” Bosten：Harvard Business School Press.（野村恭彦監修『コミュニティ・オブ・プラクティス―ナレッジ社会の新たな知識の実践』翔泳社、２００２）邦訳書、33頁

＊2　Wenger, E.（１９９８）“*Communities of practice：Learning, meaning, and identity*” NY：Cambridge University Press.

＊3　石山恒貴（２０１３）「実践共同体のブローカーによる、企業外の実践の企業内への還流プロセス」『経営行動科学』、Vol. 26, No. 2, pp. 115-132.

colmun 2

越境リーダー

三浦英雄（越境リーダーシップ・プロジェクト　ディレクター）

「越境リーダーシップ」の〝越境〟という言葉には、既存の枠組みを越えるという意味を込めています。リーダーシップというと役割や役職の人が発揮することと思われがちですが、リーダーシップを〝自分の内なる想いを行動に移すこと〟と定義しています。

「越境リーダーシップ」とは、〝想いを持った個人が既存の枠組みの境界を越えて、社内外の必要なリソースとつながり新しい社会的な価値をつくる行為〟のことです。そのような行動をとっている人を「越境リーダー」と呼んでいます。イキイキとした地域コミュニティにおいては、異なる組織に属する人が共通の目的を持って力を合わせて地域課題の解決に取り組んでいます。

一つの企業、自治体、ＮＰＯなど個別組織だけでは取り組むべき地域課題を解決できないので、組織を超えた協働、共創による価値創造や課題解決が必要とされるようになり、越境リーダーシップが日本社会の様々な場所や機会で求められています。しかしながら、内側に閉じる傾向の強い組織で働いている人は、なかなか組織を超えた協働は難しいようです。

越境リーダーシップ・プロジェクトを産学連携で設立したのは、2012年10月のことでした。自分の想いを起点として越境し、社会の課題を解決する事業を共創することで、社会的なインパクトをもたらす「生き方（職業人生）」に挑戦する企業内個人の支援に取り組むプロジェクトを進めてきました。

現在、様々な企業と一緒に「越境リーダーシップ」について考え、想いを持った人たちが一歩踏み出し、挑戦する意志のある人を発掘していけるような場をつくりたいと思い、「越境リーダーシップカンファレンス」というオープンな場をつくりました。具体的には、越境リーダーであるゲストスピーカーと、カンファレンス共催企業の中で越境的活動に取り組んでいる方、またその越境リーダーをうまく生かしている上司のトークセッションを行い、その後、参加者同士で、組織にいながら越境リーダーシップを発揮するためにはどうしたらいいかを考える対話ワークショップを行っています。

また、実践している個人をつなげていくための、越境リーダーのコミュニティづくりも行っています。このコミュニティに、これから越境的な活動に挑戦していきたい人や、メンターとなるようなすでに越境リーダーと言える人たちに参画いただき、個人の想いを起点にした価値創造の実践プログラムをつくり運営しています。

このような越境リーダーが、すでに地域にはかなり生まれてきており、実際に活動していることが本書の桜井市本町通・周辺まちづくり協議会や、塩尻市役所の事例を読むとわかります。

東日本大震災が起こり、ボランティアに出向く中で地域の人たちの連携の大切さを実感しました。ハード面では同じような復興状況でも、その地域の人たち同士のつながりが濃いか薄いかで、復興のスピードが違っていることがわかりました。地域のコミュニティがしっかりしているところは、皆が前向きで立ち上がりも復興が速かったのです。地域コミュニティの強いつながりをつくれば、災害や問題強い地域にもなるし、家族を守ることにもなることがわかりました。

越境リーダーが増えることで社会は変わっていくと思います。想いを持った個人が社会的に意義のある価値創造の実現に向けて、自身が働いている組織はもちろん、組織を越えた仲間と共に心のままに行動することで社会的課題を解決し、望む未来をつくることができる。多くの越境リーダーがつながって活動が活性化してくると、個別組織で成し得ない共創的な事業がどんどん興ってくると思います。

そんなことが当たり前になるために、個々の組織や社会の仕組みを変えて、土壌を整えていきたいと考えています。その時に最も大切なことは、越境リーダーシップを発揮する個人を中心においた生態系をつくっていくことだと考えています。組織の論理だけで安易に方法論や仕組みを入れて解くのではなく、組織の中にいる実践者を起点としながら、社会的に意義のある価値創造を実現しようとしている個人を発掘し活かす仕組みをつくる取り組みを実行していきます。

3 21世紀型〈地域コミュニティ〉とは

これまで「21世紀型コミュニティ」の特徴について述べましたが、〈地域コミュニティ〉もまた21世紀型コミュニティと同様の特徴を持っています。次の3点は地域コミュニティ特有の特徴だと考えられます。

① 地理的エリアが地域コミュニティのバウンダリー（境界）になっている（本書で想定している地域コミュニティは、市町村レベルの範囲で活動するものである）。
② 地域の住民にとって関心があるテーマを軸にして構成されている。
③ 地域の住民が中核となって活動を行っている。外部の専門家などが助言を与えたりすることはあるが、あくまでも主役は、その地域の組織で働いている人々（その地域に居住していない人も含まれる）と、その地域の住民である。

次に21世紀型〈地域コミュニティ〉が成立するための構成要素について考えてみましょう。

コミュニティ成立条件としてまず必要なのは、何のためにコミュニティが存在するのかという「目的」です。コミュニティのメンバーが目的を共有することによって、そのコミュニティはより強固なものになります。

二番目の構成要素は「参加者」です。コミュニティの目的を共有し、情熱を持って積極的に自分の役割を果たすメンバーです。また、21世紀型コミュニティにおける参加者は多様性を持っていることが望まれます。

第三の構成要素は「活動」です。コミュニティでは、目的と目標を実現するために参加者によるコミュニケーションとコラボレーションが行われます。

第四の要素は、「安全で信頼できる場」の存在です。これは自然にできるものではありません。コミュニティのメンバーが継続的な対話と行動を通じてつくり上げていくものです。

第五の要素は、コミュニティのメンバーが相互にコミュニケーションを取るための「コミュニケーション・インフラ」です。コミュニケーション・インフラにはコミュニティのメンバーが気楽に集まって語り合うことのできる拠点となる物理的スペースなどのほか、インターネットのメールやSNSなども含まれます。最近では、インターネットを活用して顔を見ながら話し合うことのできるウェブ会議システムなども使われるようになってきています。

そして最後に「薄膜のバウンダリー」があります。コミュニティの境界とは「〇〇市の住民」とか「〇〇に関心のある人」とかいうように、コミュニティの範囲を決めるもので、これが規定されていないとコミュニティは成立しません。しかし、この境界をギチギチにして外の世界との交流を閉ざしてしまうと活力を失ってしまいます。ですから、バウンダリーは「薄膜」にしておく必要があるのです。

4 地域コミュニティのインフラとしてのワールド・カフェ

ワールド・カフェとは

ここで、本書のテーマであるワールド・カフェとコミュニティの関係について考えてみましょう。ワールド・カフェとは何かについての詳しい説明は拙著『ワールド・カフェをやろう！』に譲り、ここでは以下の解説に留めておきます。

ワールド・カフェは、1995年にアニータ・ブラウンとデイビッド・アイザックスにより始められました。自由に関係性を築くことができるカフェのようなオープンでリラックスした場の中で、4～5人単位のグループでメンバーの組み合わせを変えながらテーマに集中して、率直に話し合うことにより、相互理解を深めたり、新しい知恵やアイデアが生まれてくる会話の手法です（図1・1）。

ワールド・カフェは、比較的簡単なプロセスで気軽にできるため、学校や医療現場、まちづくりのための話し合いなどのほか、ビジネスでも幅広く活用されています。

〈地域コミュニティ〉に必要な会話とは？

現在、組織やコミュニティをはじめとして、社会のあらゆる場面で、関係性のあり方に大きな変化が現れています。それは「統制から協働へ」と「相互依存関係の複雑化」という二つの変化に集約されます。そこで、そうした関係性のあり方の変化と、それによってどのような会話のあり方が求められるのかについて、以下に述べることにします。

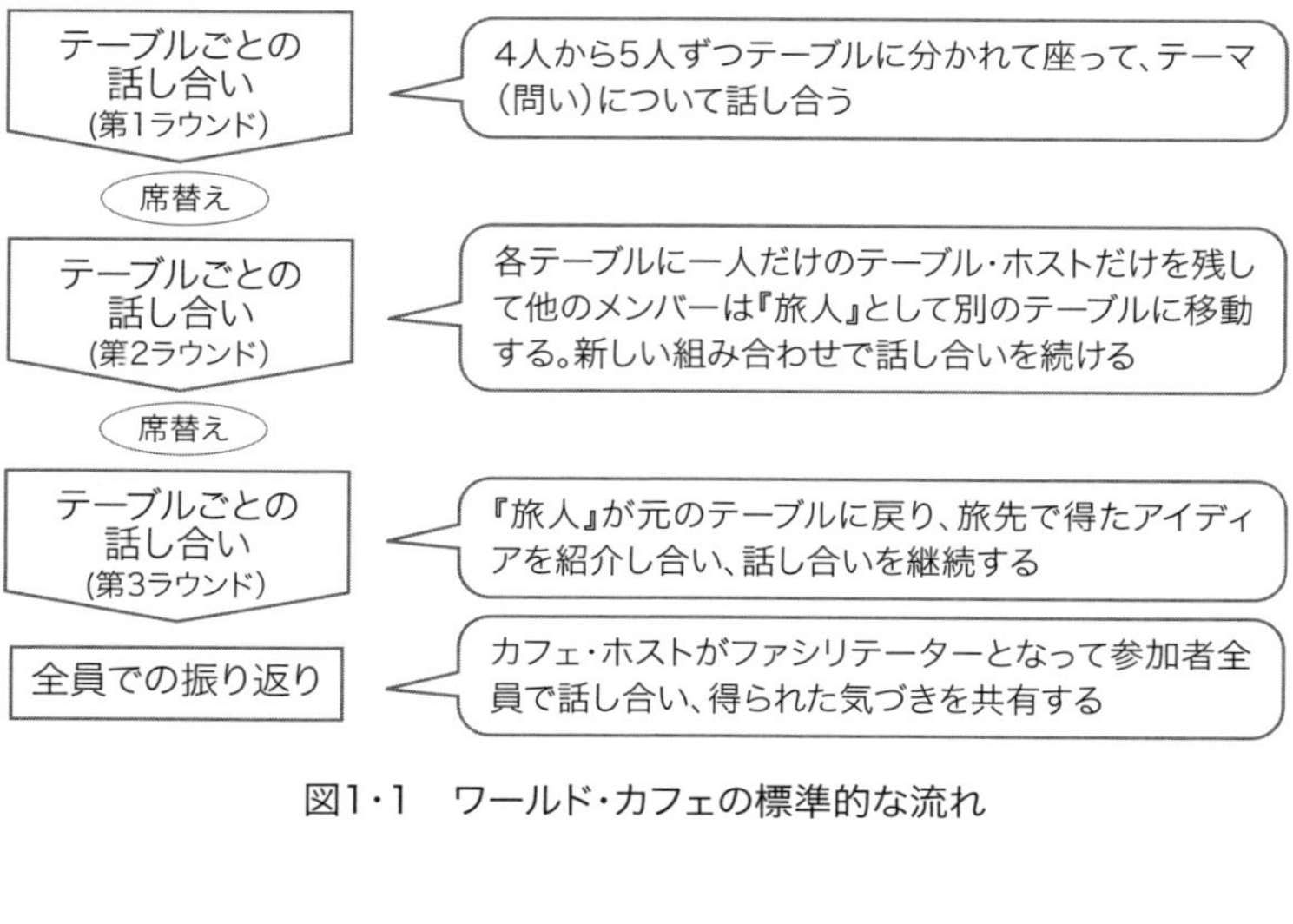
テーブルごとの話し合い（第1ラウンド）
4人から5人ずつテーブルに分かれて座って、テーマ（問い）について話し合う
席替え
テーブルごとの話し合い（第2ラウンド）
各テーブルに一人だけのテーブル・ホストだけを残して他のメンバーは『旅人』として別のテーブルに移動する。新しい組み合わせで話し合いを続ける
席替え
テーブルごとの話し合い（第3ラウンド）
『旅人』が元のテーブルに戻り、旅先で得たアイディアを紹介し合い、話し合いを継続する
全員での振り返り
カフェ・ホストがファシリテーターとなって参加者全員で話し合い、得られた気づきを共有する

図1・1　ワールド・カフェの標準的な流れ

統制から協働へ

これまでの産業社会を牽引してきたのは、自分と他人、人と自然、人と組織、企業と消費者などを別々の存在として考える二元論的な考え方でした。そしてこの二元論的な考え方は、自分の意のままに他人や自然、組織、消費者をコントロールしようとする発想をもたらしたのです。しかし、インターネットに代表される情報技術の革新や、生活水準の向上、人々の自立欲求の高まりなど様々な要因から、こうしたものの見方は次第に修正を求められるようになってきています。

今や、他人を説得しようとしても、容易に相手は自分の意見に同意してくれません。自然を征服しようとする試みは、地球温暖化など自然からの逆襲という形で戻ってきています。組織を変革しようと思ったら、まずは自分が変わらなければ成功しないことも理解されるようになってきました。ましてや、自由意志でメンバーとなり、出入りが自由な21世紀型のコミュニティにおいては、指示命令や統制によってではなく、ダイアログや協働によって共通の目的達成に向けて力を結集することが大切なのです。

相互依存関係の拡大と複雑化

私たちが経験している時代は、「ＶＵＣＡの時代」だと言われています。これはVolatility（不安定）、Uncertainty（不確実性）、Complexity（複雑性）、Ambiguity（曖昧性）の頭文字を取ったものですが、その背景としては様々な要因の相互依存関係がこれまでには考えられなかったほどの広がりと複雑さを増してきていることがあります。

このことは、私たちの食卓にのぼる食材がどこからもたらされたものかを考えれば容易に理解できます。私たちの食生活は中国やアフリカ、中南米の人々の生産活動に大きく依存しているのです。また、環境問題は、こうした相互依存関係が地球規模での広がりと複雑性を示していることを私たちに教えてくれます。日本国内だけでいくら努力しても、中国のはるか奥地の空気が汚染されていれば、私たちの生活は脅かされるのです。

このように、私たちの生活や仕事に影響する相手が格段に広がりを見せてきています。そして、このことは、私たちが直面する課題を解決しようとしたとき、これまでとはくらべものにならないほど多様な人々や組織と対話を深め協働していくことの必要性につながっています。

このような関係性の変化の中で、次のような特徴を備えた会話の場づくりが求められています。

所属や意見の違いを超えることができる安全な場をつくる

21世紀型コミュニティでは、多様性を含んでいることに特徴があります。言い換えれば、そこに集まっているメンバーは、様々な立場や考え方を持っているということです。そのため、意見の相違から対立が起こることもあります。

創造的な未来を切り開くためには、各人が自分のおかれている立場や自分の考えをかたくなに守ろうとするのではなく、違いや考えを乗り越えて共通の基盤を求めて共に探求することが求められます。そしてそのためには、自由に自分の考え方を言っても不利益を被らない「安全な場」が確保されていることが大切なのです。

すべての利害関係者を集めて理想の未来のイメージを共有する

相互依存関係の広がりと、解決すべき課題の複雑性が増すにつれて、従来考えてきたよりもはるかに多くの人々や、組織が関わってくるようになります。

したがって、すべての利害関係者を一堂に集めて、望ましい未来についてのイメージを共有できる話し合いのプロセスが求められています。

そのためには、意思決定の権限を持っている人、情報を持っている人、リソースを持っている人、話し合いの結果から直接・間接に影響を受ける人などを幅広く検討し直すことも重要です。

多様性を受け入れてイノベーションを生み出す

急激な環境変化に対応するために、イノベーションの必要性が叫ばれています。イノベーションを生み出すためには、これまでの習慣的な思考方法で延長線上に答えを求めるのではなく、これまでの思考の枠組みを根本から変える必要があります。そのためには、様々な視点から新しいアイデアを提供してくれる多様な経験と知識を持っている人が参加して、自由にアイデアを出し合える会話の場が求められているのです。

共通のより所を見つけることで合意を形成する

対立の解消や紛争解決の手段として、多数決などの数の力による決定や、権力、権威などといった「力」に頼らなくてもすむ話し合いの手法が必要です。新しい関係性のパラダイムでは、お互いの意見の背景を理解し、全員が心の底から同意できる結論を導き出すことのできる話し合いの技術が求められるのです。

一見すると対立しているようにみえても、相手の意見に耳を傾けてみると、実は共通の目的を目指していることがわかります。お互いのより良い未来を構想するためには、そうした共通のよりどころを見つけることが大切なのです。

上記の特徴は、まさに、ワールド・カフェをはじめとするホールシステム・アプローチと呼ばれる一連の会話手法なのです。

〈地域コミュニティ〉とワールド・カフェ

地域でコミュニティを立ち上げ、円滑に活動を展開していくためには、様々な局面でコミュニティのメンバーや関係者との間で対話の機会を持つことが極めて重要です。そうした場合、最も導入しやすく効果の高い対話の手法としてワールド・カフェが、いたるところで活用されています。前節で述べた「コミュニティの構成要素」との関連でワールド・カフェが、地域コミュニティの立ち上げと持続的活動の展開に果たす役割は次の通りです（図1・2）。

●目的

メンバーがコミュニティの目的を生み出し、共有するためにワールド・カフェが活用されます。

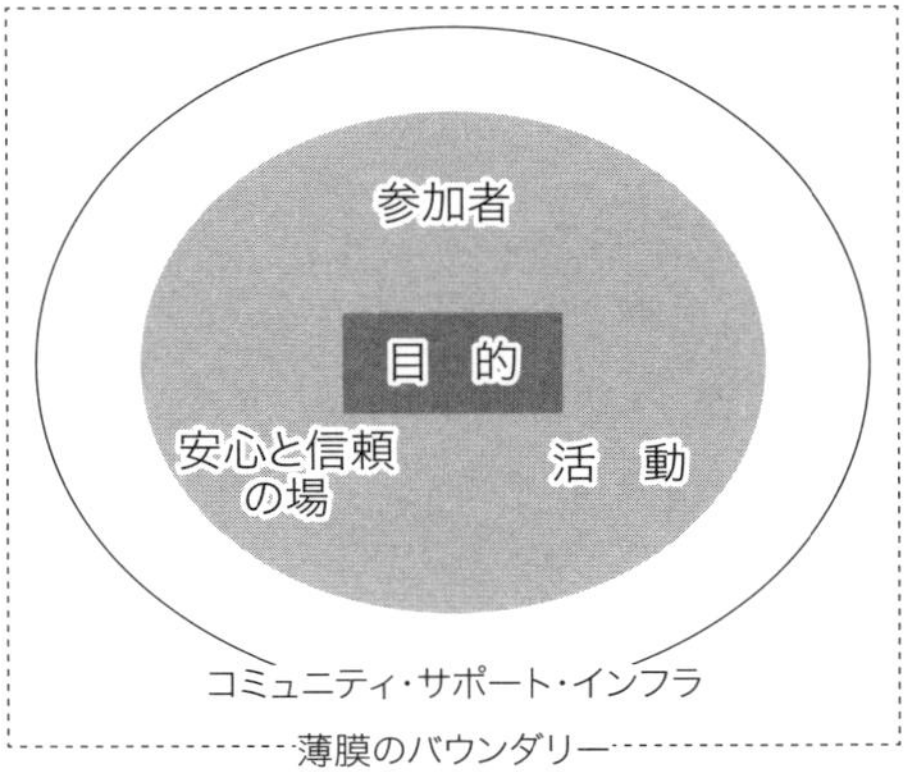

図1・2　コミュニティの構成要素

●参加者

多様な利害関係にある参加者が共通の目的のために協力するため、相互理解を促進する会話の手法としてワールド・カフェが有効です。

●活動

コミュニティの活動としての「コミュニケーション」と「コラボレーション」を進めるためにもワールド・カフェは極めて重要な役割を果たしています。

●安心と信頼の場

安心と安全な場づくりは、メンバーが同士がお互いを深く理解し合うことから始まります。コミュニティの立ち上げ期には、そのためのワールド・カフェがしばしば行われています。

●コミュニティ・インフラ

コミュニティのコミュニケーション・インフラには、リアルとバーチャルを含めて様々なツールや手法が活用されていますが、フェイス・ツー・ツーフェイスでのコミュニケーション・ツールの重要な手法としてワールド・カフェが活用されています。

●薄膜のバウンダリー

コミュニティを内向きの閉じた集団とするのではなく、外に向けて開かれたオープンなものにするためには「薄膜のバウンダリー」にすることが重要だと述べましたが、そのためにもワールド・カフェの活用は有効です。

以上に述べた通り、ワールド・カフェは、地域でコミュニティを立ち上げ、活動を展開していくための、あらゆる段階で極めて重要な役割を果たしています。

ワールド・カフェが〈地域コミュニティ〉に拓く可能性

他花受粉により新しい発想を得ることができる

ワールド・カフェの対話のプロセスには「他花受粉」というメタファーで語られる特徴が含まれています。ワールド・カフェでは、参加者が100人、200人になっても、基本となる話し合いの単位は4〜5人という少人数です。少人数で話し合うことにより、一人ひとりが発言する機会が増える一方、多様な考え方を持った参加者が出会い、お互いに啓発し合うこともできます。また、途中でメンバーの組み合わせを替えて話し合うことにより、様々なアイデアがつながり、新しい気づきや着想を得ることができます。このようにしてワールド・カフェではアイデアが「他花受粉」されるのです。

新しい発想は、これまで慣れ親しんだ組織や、親しく付き合ってきた仲間からは、なかなか得られません。新しい時代を生き抜くための知恵やヒントを得たいと考えるならば、これまで付き合ったことのない様々な分野の人々との出会いを求めることが必要になります。

地域コミュニティにおいては、地域の人々が抱えている様々な課題の解決を目指して、多様なステークホルダーが集まり知恵を結集する必要があります。そうした場合、ワールド・カフェが持っている「他花受粉」の機能は、そこで表現された様々なアイデアを結合して新しいアイデアを生み出す上で非常に効果的な話し合いの方法だと言えます。

ワールド・カフェには、様々な分野から多様なものの見方を提供してくれる人々が参加します。ワールド・カフェに参加することは、そうした人々と出会い、新しい発想を得るチャンスとなるでしょう。

市民と行政の新しい形での協働の形を生む

ワールド・カフェは、様々な立場の人が、それぞれの置かれている立場や意見に固執することなく話し合い、無理やり決めようとしなくても、いつの間にか同じ方向に向かって皆が動き出すきっかけとなる会議なのだと説明してきました。

これを言い換えると、誰かが決めて他の人々がそれに従うということでもなく、多数決による意思決定の仕組みとも異なるアプローチです。これは本来の意味での民主主義を実現するための有効な話し合いの手法と言えるのかも知れません。

本書で紹介する桜井市や、塩尻市、宮代町でも見られるように、すでに数多くの自治体や市民団体によってワールド・カフェが地域で積極的に活用されています。

そのような地域では、市民、自治体、大学、NPO法人、企業が新しい協働の活動が進んでいます。例えば、桜井市では市民による「桜井市本町通・周辺まちづくり協議会」、桜井市役所などが協働して地域資源を活かしたまちづくりに取り組むことにより、住民同士のつながりや地域の賑わいを取り戻しつつあります。こうした動きがさらに加速された場合、地域コミュニティの運営方法も大きく変わってくる可能性があります。それは、市民の参加を求めながら行政主導で進めていくのではなく、市民が働きかけて行政にやってもらうのでもないコミュニティ開発です。市民と行政の新しい形でのコラボレーションの可能性を切り拓く強力なツールの一つとしてワールド・カフェが活用されていくことになるでしょう。

このように、地域コミュニティにおいて、解決したい問題に関連する様々な人々が一堂に集ってワールド・カフェを開催することにより、新たな未来を再構築する可能性が生まれてくるでしょう。

地域のビジョンを共創し、知識を共有する

これからは、知識の創造を一部の専門家が担うのではなく、皆で相互作用を積み重ねることによって、知識を共創し共有していく時代になると説明しました。

ワールド・カフェは、知識の共創、共有を具体的に実行するための有効な手段として、今後広く活用されることになると思います。

例えば、桜井市のまちづくりでは、市民と行政、まちづくり協議会が協働して、街の将来ビジョンを創造し、アクションプランを立てていきました。ここでは、行政と市民は、サービスを提供する側とされる側といった関係性ではなく協働関係にありました。地域のビジョンをつくるのは行政で、それを実現するのも行政だったのが、行政と市民が一体となったビジョンの構築がありました。

市民は町のビジョンを「自分ごと」として考えるようになります。また行政などの他の参加者と話し合うことにより、多様な視点からテーマについて検討できるようになります。自分の提示したアイデアに対する、意味のあるフィードバックを受け取り、さらに理解を深め、誰もが新しい知識創造のヒントを得ることができます。

場の活用を共に考えることが新しいビジネスのスタートにつながる

前述のように、組織の枠を超えた交流と協力関係の樹立を望む人が増えてきています。この傾向が続くと、それを実現するためにワールド・カフェの場をデザインし運営する人と、物理的な場を提供する人が必要になります。そしてこのことは、新しいビジネス機会を様々な人や組織にもたらしてくれることになるでしょう。

例えば、事例で紹介する塩尻市では空き家が問題になっています。そこで、空き家の大家さん、空き家を借りて何かをやってみたい芸術家、飲食業の方、起業家などがその空き家で開催するワールド・カフェを実施したらどうでしょうか?

空き家の大家は、芸術家、飲食業の方、起業家の声を直接聞いて、自分が持っている空き家が彼らにどんな価値があるのかを知ることができるでしょう。また、大家さんは自分が閉めている空き家でやってみたいこと、社会貢献のヒントを得ることもできるでしょう。大家さんは、彼らとの直接のコミュニケーションにより彼らの人となりを知ることができ、安心感や信頼感を感じれば、貸してあげたくもなりますし、一緒に何かできることが見つかるかもしれません。ワールド・カフェによって、空き家はこうした可能性を拓く場になることができるのだと考えます。

カフェも新しいビジネスの可能性を感じさせる分野の一つです。もし、カフェが定期的にあるいは常設的に対話する拠点となったらどうでしょうか？

現在のカフェは、コーヒーを飲んだり、軽い食事をとったり、友人・知人とおしゃべりを楽しみ、ビジネスの打ち合わせを行い、本を読んだり、資料づくりをするなどの目的で使われているようです。

しかし、カフェはこうした機能だけでなく、地域活性化の拠点となる可能性を秘めています。本書でも紹介している塩尻市や桜井市ではいくつかのカフェがまちづくりの拠点として機能しています。

カフェが対話をする場として機能するようになるならば、知らない同士でも気楽に語り合い、新鮮な刺激を与え合い、人間関係のネットワークづくりの拠点として、新しい社会インフラの一つとしてかけがえのない役割を果たすことになるでしょう。

以上、地域コミュニティの活性化における、ワールド・カフェの様々な可能性について述べてきました。ワールド・カフェの活用はまだその緒についたばかりです。これまでに応用されてこなかった様々な分野で、今後ワールド・カフェの可能性が開花することを信じています。

2章

ストーリーで学ぶワールド・カフェ

〈企画立案編〉

ワールド・カフェを成功させるためには、事前に行う企画と事前準備が極めて重要です。ワールド・カフェはどのように企画し、運営するのでしょうか？

ここでは著者が関わった事例に基づいて書かれた架空の物語をお伝えすることで、ワールド・カフェの企画と実行段階に行うことを説明します。なおワールド・カフェの開催の事前段階で行うべき作業は図2・1に示すとおりです。

寺岡市役所企画課・栗谷健、総合計画への市民参加を考える

栗谷健が総合計画を策定する寺岡市の企画課に新任の課長として異動したのは前の年度でした。栗谷は着任以来、総合計画の策定にあたっては、今まで

(1)企画・運営チームを結成する
(2)ワールド・カフェを企画する
　コンテキストの設定
　　・目的(カフェの名称、問い、成果物)
　　・参加者
　　・パラメーター
　プロセスを決める
　問いを作る
(3)事前準備を行う
　役割分担を決める
　招待状の作成と送付
　もてなしの空間を作る
　会場の下見
　備品の準備
　掲示物・配布資料の作成

図2･1　ワールドカフェの企画と事前準備
(出典『ワールド・カフェをやろう』(日本経済新聞出版社))

のような形の市民参加をやるのはご免だな、と思っていました。

総合計画は10年に一度策定される市の長期計画です。様々な市民の夢や想いを結集し、10年後の寺岡市の将来を描いていきます。そのためには広く市民の意見を聞き、形にしていく必要があります。

寺岡市は首都圏にあるとはいえ、人口4万人に満たない、田園風景が残るのどかな自治体です。小さなまちならではのコミュニティもあり、市民活動も盛んです。それでも市が計画づくりや行政改革などで市民を集めた会議は、「市民参加」とは言いながらも、行政と市民が対峙するという構図の中で行われるのが常でした。

自身も総合計画づくりを担当したことのある古株の高木課長は、

「市民参加をやって総合計画をつくるのは大変だ

よ」と心配してくれました。

「有識者や専門家が混ざっていない市民だけで構成する会議ってのは、会議の回数だけは多いけど、ごく一握りの論客が発言し合って、それで終わっちゃうんだよな」

栗谷もいくつかの市民会議の事務局を担当したことがあるので、高木の話はよく理解できました。

会議の場で良い意見が出て、前向きな方向になってきたなと思うと、次に発言する人は、延々と反対意見をのべます。さらに相乗りする意見が脇道にそれ、会議の議長や事務局の制止もきかないままに会議は流れてしまいます。メンバーは全員公募ですが、定年退職した60代、70代前後の男性が中心です。時には若い女性が交じっている時もありましたが、何回かするうちに来なくなってしまいます。

「だけど、それでいいんでしょうかね」と栗谷は言いました。

「いいわけないよな」高木は、ぼそりと言いました。

ワールド・カフェ体験から企画運営チームの誕生へ

1年が過ぎました。総合計画づくりは目の前に迫ってきていました。その後も栗谷は、市民参加をやるにあたっては新しい方法を考えなきゃ駄目だと思い続けていましたが、解決策を見出せないままでした。

そんな時、旧知の大学教授からのメールに「よかったら参加しませんか」とあったのは、「ワールド・カフェ体験講座」の案内でした。住民意識調査のとりまとめ作業をしていた新任係長の村岡美重子に、

「ワールド・カフェって何だい？」と聞くと、彼女は、栗谷が転送したメールを覗き込みました。画面をスクロールしながら、素早く内容を理解し、栗谷に伝えました。

「ワークショップのやり方の講習会ですね。前に課長が言っていた新しい市民参加手法として使えるんじゃないですか」2人の会話を聞いていた主任の内山一博は、すぐさまインターネットで検索をした

情報を2人に提供しました。

「カフェのような雰囲気の中で参加者が自由に前向きに意見を出し合うワークショップ」って書いてありますよ。

「形式的な雰囲気の中の後ろ向きな議論とはまったく正反対だね」

もしかしたら、今までの寺岡市の市民参加のやり方を変えることができるんじゃないか、と栗谷は思いました。

そこで、村岡と内山、栗谷とで、都内で開かれる体験講座に参加してみることにしました。

夕方から都内で開かれた体験講座には行政よりも、NPOや市民団体が多く、楽しいものでした。会場は小さなホテルのラウンジで、全部で5つほどのテーブルが並べられています。テーブルの上には品の良いテーブルクロスが敷かれ、花も飾られていま

す。6名ほどの参加者が一つのテーブルを囲み、提示された「問い」についての話し合いが始まります。

話し合いのルールは極めて簡単です。相手の意見を尊重する。1人で長々と話さない。ポジティブであることを要求しているだけです。テーブルの全員が自発的に次々にアイデアを出し合います。30分ぐらいすると、各テーブルはシャッフルされ、今度は違うテーブルで、違う参加者との話し合いが始まります。

会場の中は、活気にあふれていました。栗谷も村岡も内山も、わずか2時間に満たない間に、たくさんの参加者のアイデアを聞くことができました。また参加者と知り合いになることもできました。

栗谷たちは、これを自分の市でやったら、どうだろうかという気持ちで参加していました。体験講座の最後に、講師の中川耕助から「ワールド・カフェ」は100人単位でもできますよ、という話があった時、思わず村岡と内山と目を見合わせました。

「うちの市で、これやりましょうよ」と、若い内山はすっかり、ワールド・カフェにハマっています。

体験講座の後、講師を交えた懇親会が行われました。栗谷は寺岡市の企画課が主催してワールド・カフェをやるべきだ、という確信を持ち始めていました。そのためには、市の職員でもワールド・カフェを実施できるようにしなければなりません。そこで、その日の懇親会で親しくなった講師の中川に寺岡市に来てもらい、ファシリテーター養成講座を実施することが、その場で決定しました。

栗谷、村岡、内山は帰りの電車の中で、自分たちの市で総合計画の策定にあたって、ワールド・カフェをやったらどんなに素晴らしいかを話しました。

「間違いなく、このやり方なら、いい成果が出るはずだ」と3人とも感じていました。

企画運営チームが誕生した瞬間でした。

寺岡市民が参加するワールド・カフェを企画する

次の日の寺岡市企画課には昨日の体験の余韻が残っていました。早々に3人でデスク脇のテーブルで打ち合わせを行うことにしました。

ワールド・カフェは、これまで自分たちが経験したのとは真逆の市民参加の方法であることが明確にわかってきました。会議次第や資料を用意しない。会議録を作成しない。委員の委嘱状を用意しない。賛否を問わない。結論を一つに集約しない。数え上げたらきりがありません。それこそが、栗谷たちが求めていた、新しい市民参加のやり方でした。

ワールド・カフェの会場を押さえる

「中川先生が寺岡市に来るまでに、自分たちなりの企画をつくって、それで指導してもらうことにしよう」と村岡が言いました。打ち合わせには沈着冷静な課長補佐の友永朝夫も入りました。

「総合計画策定のスケジュールから逆算すると」と友永が、半年先までの予定を時系列に書き出しました。

「6月中にやらないとその後の専門家会議での議論やさらに市長を交えた庁内会議の予定が全部ズレてしまいます」

友永の意見が終わるのを待ちかねるように村岡が発言しました。

「だとすると、何といっても会場ですよ、予約して確保しなければならないし、ワールド・カフェは雰囲気を大事にしますからね」

彼女の言う通り、どんなに良い企画を立てても良い会場が確保できなくては台無しです。

「会場をどこにするか早く決めないと、予約が埋まってしまいますよ」と内山が慌てだしました。

「コミュニティセンターのホールだろうね」と栗谷は言いました。ホールは軽体育もできるように設計され、床は板張りです。天井はドーム型で、背の高い三方のはき出し窓からは光がふんだんに入ってきます。市の中心部にある駅から徒歩5分という立地も最適です。

栗谷は6月の第1、第2土曜日はどうだろうと提案し、全員がその意見に賛同しました。幸いにもワールド・カフェをやるのに最適な広さのホールは空いていました。

これで基本的な要素である、会場、期日が決定しました。

ワールド・カフェの参加者を募る

「参加者はどうします？」と村岡がみんなに投げかけました。今までの例では広報誌で公募をかけて、申し込み者により市民会議を構成していました。しかし、このやり方では仮に開催日が土曜日でも、若い世代や女性の参加がないことはわかりきっていました。

「大学生や子育て中の夫婦のアイデアをもらえるといいんですが」と村岡は言いました。

「まだ、いくつかの自治体でしかやっていない方法だけど、無作為に住民に開催の案内をして、内容に賛同して申し込んでくれた人を参加者とする方法はどうかな」

栗谷はこの1年間、いろいろな市民参加のやり方を模索していました。

「これなら、いつもの参加者とは違いますね」内山は目を輝かせました。

企画課のみんなは、自分たちに経験のある、住民意識調査と同じ方やりだと思いました。無作為に案内をするこの方法なら、当日のコミュニティセンターに寺岡市の「縮図」をつくり出すことができます。出されるアイデアも多様性に富んでいるに違いありません。

これで参加者が決定しました。

てらおか夢カフェのテーマ設定

10年後の寺岡市をこうしたいな、あなたの夢を語ってください

翌週、中川がワールド・カフェのファシリテーター養成講座の講師として朝早くに電車でやってきました。

栗谷たち企画課の4人と、市役所の他部門の数人、それから市内のＮＰＯ団体の数人も参加しました。3時過ぎまでひと通り、基本的な約束ごと、具体的な実施方法、当日のしきり役として気をつけなければならないポイント、注意点を学びました。

特に、企画課の4人は数ヶ月後に自分たちでワールド・カフェを運営するので、細かな点まで中川に質問しました。

第2部では、栗谷たち4人が残り、中川に企画書を見てもらうことにしました。企画課のみんなで話しあった内容を内山が10枚ほどにまとめた資料です。

「うーん」と中川は最初の1枚目で手が止まりました。

「『一緒に10年後の寺岡市を考えませんか・てらおか活性化カフェ』ですか。僕だったら、このタイトルで参加したいという気持ちにならないな」

そう思わないか、というふうに栗谷たちを見渡しました。そして尋ねました。

「内山さん。あなたの家に市役所からこんなお知らせが来て、参加しませんか、と書いてあったらどう反応する?」

内山は沈黙しました。

「一緒に10年後の寺岡市を考えませんか、ですよ」

再び中川は栗谷たちが考えたテーマを言いました。

「そうですね、自分の家にですか、うーん、そういうことに熱心な、普段、市民活動をしているような人が参加するのだろう。自分はそうじゃないし、と思いますかね」と、苦笑いして正直な感想を述べました。

「そうでないつもりでも、行政のカラーになっていたんですね」と栗谷は中川を見ました。

「そこなんですよ、言いたいことはわかるけれど、ワールド・カフェのテーマがこれじゃ誰も参加しません。普通の主婦やサラリーマンに参加してみようか、と思わせる魅力的なテーマじゃなきゃ」中川は熱く語りかけました。

そこで、栗谷たちは次々にテーマを出しました。中川はそれをホワイトボードに書いていきました。最終的に複数の案にしぼった結果、テーマは「てらおか夢カフェ——10年後の寺岡市をこうしたいな、あなたの夢を語ってください」に決定しました。

てらおか夢カフェの当日のプロセスが決まる

ワールド・カフェでは短い時間にたくさんの参加者のアイデアに刺激されます。順に「問い」を変えていくことで、発想を広げてもらい、良いアイデアが出されるのではないかと考えました。栗谷たちは簡単な質問から始めて、徐々にポイントをしぼった「問い」に移行するように全体を設計しました。

そして、1日の振り返りとして、参加者全員に、その日1日で、もっとも印象に残った意見を書いてもらう時間を設けることにしました。ワールド・カフェで出されたアイデアは、普通の市民から意見であるからこそ、貴重なのです。中川は、「『市民のアイデア集』が一瞬でできあがりますね」と言い、「当日の進行役の栗谷さんは、書いてもらった何枚かを読み上げて、それを書いた人にコメントしてもらうのもいいかもね」とアドバイスしました。しかしその後で、「このプロセスは非常に良いですよ。ただ…」うーん、という顔をしました。

ワールド・カフェの問いを考える

中川は企画書の「問い」の部分を蛍光マーカーでなぞりました。

「もう皆さんわかるはずですよ、この「問い」のどこが悪いか」と言いました。

栗谷たちの案は「どうすれば寺岡市は活性化しますか」となっていました。栗谷は、

「漠然としすぎていますね。イメージするものの幅が広すぎて。政治好きな人ならともかく、普通の人には答えられないかな」と自分に問うように言いました。

中川は組んでいた手をほどき、オーケストラの指揮者のように両手を広げました。

「喫茶店で楽しく盛り上がるような、おしゃべり

が弾むような、そんな『問い』でなきゃね。いかにも行政って感じの質問になっちゃってますね」

「これだと、参加者は、心にもない優等生的な答えを探すようになりますよ」と指摘しました。

「道路や公共施設をつくったら活性化するとか、市民要望を聞く会になっちゃうかも知れませんね」と友永は経験から推測しました。中川は、

「答えは参加者一人ひとりの中にあるのだから、それを引き出しやすい『問い』がいいんですよ、みなさん、新しい『問い』を考えてみてください」と4人にボールを投げました。

ボールを投げられた4人は腕組みをして考え始めました。しばらく沈黙が続いた後、中川は唐突に内山を指差しました。「えっ」という顔をしていた内山は、思い切って、

「寺岡市を自慢してください！　はどうですか」と言いました。

「おっ、いいですよ、さっきのよりは、ずっと話しやすい。これは大事なポイントです」

「寺岡の良い所を自慢してください、はどうでしょう」と村岡が発言しました。

「そうです、そうです、参加者から意見が出やすい『問い』になってきましたよ」中川はニコニコし始めました。

栗谷は「そうか」と思いました。「どうすれば、私は良くなる」と聞くより、「私の良い所はどんな所」と聞いた方が、話が弾むし、肯定的な意見が出やすい。同じことを聞いているのに。聞

き方一つで答えようも違うんだな、と思いました。

最初に栗谷たちが考えた「どうすれば寺岡市は活性化しますか」という「問い」だと、今、活性化していない理由とその解決策についての意見ばかりが出されるに違いありません。

栗谷はポジティブな意見が出やすいような「問い」が大事なんだなんだな、ということを強く感じました。

こうして、最初の問いは「寺岡の良い所を市外の人に自慢するとしたら、どんなところ?」に決まりました。その他の「問い」も、この聞き方じゃ駄目だ、この方が良い。こうしてみたら、というディスカッションを繰り返しました。

こうして、2日間のワールド・カフェの「問い」はすべて決まりました。

当日のスケジュールをどうする?

一通りの打ち合わせが終わり、中川は最後のアドバイスを行いました。

「後は、当日のスケジュールですよ。話し合いの時間だけでなく、適度な休憩時間、移動時間を考えて、当日の時間割をつくっておいてくださいよ。時間オーバーして、参加者がそわそわしだしたら、何にもなりませんから」と中川はアドバイスしました。

「それと、案内状ですよ。参加してみようっていう気にさせないと駄目ですよ」と中川はアドバイスしました。郵送された封書を見て、いかにも「市役所からのご案内」では、最後まで全部、読んでもらえないだろうな、と栗谷も思いました。

「案内には、市がどういう目的で、参加者に何を求めているのか、ということもわかりやすく書いた方がいいですね」と村岡は言いました。栗谷も、その通りだと思いました。

これで案内状作成のコンセプトは完成しました。後は、それをA４用紙1枚の案内状にまとめるだけです。内山は、

「案内状は僕がつくりますよ」と申し出ました。

案内状はできたも同然でした。

役割分担の決定

10日後、内山が作成したワールド・カフェの案内状は無作為に選んだ市民に送付されました。締め切り日までに、50人ほどの市民が参加を表明しました。男女比もほぼ同じでした。年齢も18歳から70歳まで、世代別の人数もほぼ均一でした。

本番まで、あと2週間になりました。

栗谷たちは村岡の手によるスケジュール表を元に打ち合わせを行いました。最初の日は全部で3つの「問い」です。30分ずつの話し合いなので、それを3回繰り返すと90分。1日の終わりには、参加者全体で、その日のワールド・カフェの振り返りを行います。途中、15分の休憩を入れる。村岡はこの内容を元に2日間のスケジュール表をつくりました。

栗谷たちはこの表をもとに、準備のための打ち合わせを行いました。話し合いの進行は栗谷が行うことにしました。話し合いの終了時間を正確に計るタイムキーパーは村岡が、全般的な総務は友谷と内山が担当になりました。

「ひとつ気になることがあるんですが」スケジュール表を見ながら、友永が発言しました。

「集まったら、いきなりワール・ドカフェが始まって大丈夫かな」

「実は最初に今回のワールド・カフェの開催趣旨を説明する時間がないな、と思っていたんだ」と栗谷は言いました。そして、ホチキスどめされた資料を配りました。資料は当日上映するスライドを印刷したものでした。

スライドはグラフや図表でニュース番組のフリップのようにテンポよく展開するように構成されていました。寺岡市の成り立ちや、現在の寺岡市の状況を、話し合いの前提条件として簡潔にまとめ、そして今、10年先の計画をつくろうとしている、という事実を簡潔に説明する内容でした。

「いいと思いますよ。これ以上踏み込みすぎると、参加者に先入観を与えちゃうし、行政が議論を誘導しているように誤解されますから」と友永は言いました。村岡がナレーションの録音を、当日の上映を内山が行うことに決まりました。

こうして、当日の主な役割が決定しました。

もてなしの空間をつくろう!

栗谷たちにはすっかりコツがわかってきました。要するに、参加者が前向きになれるような、楽しく、リラックスして、ワクワクするようなそんな運営に努めればいいのだ、ということです。それこそがワールド・カフェの真骨頂なのです。

当日の会場の雰囲気づくりもそうです。

会場に観葉植物を置く。貼り紙を表示するにしてもパソコンから打ち出したものでなく、下手でもポスターカラーの手書き文字。くつろげるように、話がはずむようにテーブルにお菓子や飴を置く。テーブルクロスは温かい色で。

自分の考えを落書きできるように、テーブルには模造紙を置く。落書き用に何色かマジックも必要。会場の一角にセルフサービスのカフェコーナーを設ける。ところどころに観葉植物を配置しよう。雑談めいた話になりながらも、いろいろなアイデアが出されました。村岡が一つひとつをホワイトボードに書き出しました。

当日用意するべきもの、調達先のリストはこうして完成しました。

打ち合わせが終わってから、栗山たちは市役所から徒歩5分ほどの場所にあるコミュニティセンターに向かいました。

栗山たちは誰もいない、少し薄暗い会場の扉を開けました。高い天井、フラットな板ばりの床、木製の調度品。ここで2週間後にワールド・カフェが行われます。

「楽しみですね」と内山が言いました。

「明るくしてみましょうよ」と村岡が提案しました。

村岡と内山がカーテンを引くと、外からの光で会場は一斉に明るくなりました。栗山たちは、誰もいない会場を見渡しました。4人の目の中には、当日の光景がハッキリと広がっていました。目を輝かせてアイデアを語る人たち。模造紙に書かれた絵を覗き込む人たち。笑い声、賑やかな声。

後は本番を迎えるだけです。

3章

ワールド・カフェ当日の進行ガイド

〈開催編〉

実際にワールド・カフェの本番はどのように進められるのでしょうか?

ここでは、2章で、ワールド・カフェを用いた総合計画づくりを企画した寺岡市企画課の栗谷健たちが、どのようにワールド・カフェを行ったかを、再度、架空のお話しでお伝えします。

〈てらおか夢カフェ〉の会場の設営に取り掛かる

本番は午後1時からです。4人は午前10時から会場の設営を行いましたが、全員がイメージを共有できていたので、1時間もかからずに準備は完了しました。

会場には、テーブルが10卓、並べられています。それぞれはマス目のように整然と並んでいるのでなく、不規則に、しかし雑然というわけではなく、バランス良く配置されています。所々に、サボテンや熱帯植物などが置かれているので、リゾート地のホテルのロビーのような開放感があります。

長机を3つ合わせてつくったテーブルは、オレンジ色のテーブルクロスで覆われています。その上には、模造紙、カラーの油性フェルトペンが置かれていました。端にはチョコレートなどお菓子が用意され、各テーブルを囲むように最大で5名が座れるように椅子を配置しました。会場の一角にはセルフサービスでコーヒーや紅茶が飲めるようにカフェ・コーナーをつくりました。

「いい感じですよ」と今回のコーディネイトを仕切った村岡は満足気です。村岡はインテリア雑誌などを自費で購入して、会場レイアウトに精力を注ぎ込みました。

「観葉植物を手配したのは僕ですからね」と内山も自慢げです。

「まだ、残っていることがあるよ」友永は両脇に模造紙を丸めた筒を抱えています。会場に貼る掲示物です。栗谷たちは全員で模造紙を壁に貼っていきました。

1枚は「ようこそワールド・カフェへ！」という文字とコーヒーカップを手にする人のイラスト。これは栗谷が知り合いの美術講師に書いてもらったもので、19世紀末、フランス・パリといった格調のものでした。

もう1枚は、簡単なスケジュール表。当日の流れと休憩時間、終了予定時間が書かれています。

そして、ワールド・カフェの流れとカフェ・エチケットについて書かれたものです。

部屋の前方には、プロジェクター、スクリーンを設置し、マイクは2本用意しました。全体進行係が使うものと、1日の最後に行う全体の振り返りで参加者が発言する時に使うものです。隅に置かれた机には、付箋紙を用意しました。最後の振り返りで付箋紙を貼り出すための展示ボードも会場の隅に用意しました。

12時30分、栗谷たち4人は会場に一番乗りの参加者を出迎えました。30歳ぐらいの女性でした。

「こういうの初めてなんで宜しくお願いします」と不安げに歳の近い村岡に語りかけました。

村岡は、

「私たちも初めてなんですよ」と笑いかけ、白紙の紙が入った名札を渡しました。

「苗字でも名前でも、お好きな方をお書きください。自由席なのでお好きなところに座ってくださいね。まだ時間があるので、よかったら飲み物もありますよ」とカフェコーナーを案内しました。

午後1時、会場は50人の参加者で埋まりました。参加者名簿をチェックすると、欠席者は1人もいませんでした。

「ようこそ　てらおか夢カフェへ！」

オープニング

栗谷がマイクを持って、開会を宣言しました。

「皆様、ようこそ『てらおか夢カフェ』へ！」

そして、栗谷はゆっくりとした口調で話し始めました。

「私は本日の『てらおか夢カフェ』の進行役を務める市役所の栗谷です。よろしくお願いします」

「本日のテーマは『てらおか夢カフェ――10年後の寺岡市をこうしたいな、あなたの夢を語ってください』です」

「本日のワークショップ開催にあたっては市民の方に無作為に案内を差し上げました。今日、ここにおられる方々は、その中から参加を表明していただいた皆さんです。寺岡市の10年後の未来を話し合いたい、という方がこれだけいることを大変、心強く思います」

栗谷は続けました。

「今日のワークショップは、参加者の皆さん同士が知り合い、話し合うことで、たくさんの市民意見をいただくことを目的としていますので、結論を出す必要はありません。自由にのびのびと話し合ってください。ただ、先程お話した『本日のテーマ』からはあまり外れないように話し合ってください」

栗谷はプロジェクターの前にいる内山を見ました。準備ＯＫという顔をしています。
「ここで、本日のワークショップを開催する目的や背景を簡単にまとめたスライドを用意しましたので、最初にご覧いただきたいと思います」栗谷がそう言うと、会場が少し暗くなり、大きなスクリーンにスライドが上映されました。村岡のナレーションが説明を始めました。

スライドの内容は次の通りでした。
・寺岡市が首都圏にあること
・人口と面積。都心まで電車で40分程度であること
・高度経済成長期にベッドタウンとして人口が急増したこと
・その後、寺岡市でも高齢化が進んでいること
・寺岡市の将来計画を策定していること
・そのために、住民意識調査を行ったこと
・市民からアイデアをもらいたいこと
・それが今回のワークショップであること
・ワークショップはワールド・カフェという手法でやること
・アイデアは将来計画の基礎資料として今後の議論の材料となること

・市の広報誌やホームページでも広く紹介すること

スライドは15分ほどで終了しました。

てらおか夢カフェの進め方を解説する

ワールド・カフェの流れ、約束事、模造紙の使い方

スライドが終わると、栗谷は、ワールド・カフェの説明を始めました。

「本日のワークショップはワールド・カフェという方法で行います。聞いたことないな？という方が大半だと思います。自分にできるだろうか、という不安をお持ちの方もいるかも知れません。でも、そんなことはありません。スライドを用意しましたのでご覧ください」栗谷がそう言うと、再びスピーカーから村岡のナレーションが説明を始めました。

スライドの内容は次の通りでした。

「ワールド・カフェでは、その名が示すように、カフェのようなリラックスした雰囲気の中でテーマに集中した話し合いができるように工夫されています。メンバーの組み合わせを変えなが

ら、4～5人単位の小グループで話し合いを続けることによって、あたかも参加者全員が話し合っているかのような効果が得られることに、その特徴があります」

「ワールド・カフェでは、テーブルの数がどんなに増えても実施可能です。最小単価は1卓のテーブルです。それが5卓、10卓、100卓と増えてもやり方は同じです。一つの会場の中の別のテーブルに行けば、そこで違う人と知り合い、話し合いをし、新しい考えに触れることができるのです。私たちが実際に生活しているコミュニティにちょっと似ていますね」

流れの説明

スライドが終わり、今度は栗谷がワールド・カフェの流れを説明しました。

「本日のワールド・カフェの流れをご説明します。ワールド・カフェは、参加者が各テーブルに分かれてメンバーを変えながら話す3回の会話と、全体会議から構成されています」

栗谷は参加者に伝わるよう、ゆっくりと話しかけました。

「最初のテーブルのメンバーで1問目の「問い」について話し合い、30分たったら、今度は1人を残して全員が違うテーブルにシャッフルします。皆さんは『旅人』になって、新しい場所で、新しいメンバーとテーブルを囲んでください。そして、新しいメンバー同士で2問目の「問い」

について話し合います。最後は一番最初のテーブルに戻って3問目の「問い」について話し合います。つまり合計3回です」

最後にどんな方法で1日の振り返りを全員で行うかは、あえて言いませんでした。参加者が身構えてしまう可能性があると思ったからです。

カフェ・エチケットの説明

「ワールド・カフェによる話し合いにはいくつかの約束事があります。このカフェエチケットについてのスライドをご覧いただきたいと思います」と栗谷は話し始めました。

再びスライドが映り、村岡の声が流れました。

「ワールド・カフェをより効果的な場にするために、参加の者皆さんにお願いしておきたいことがあります。まず、第一は、本日のテーマ（問い）に意識を集中して話し合いをしていただきたいということです。単なる雑談とは違いますので、ご注意願います」

「話は短く、簡潔にお願いします。あまり長々と話すと、他の人の発言の時間が少なくなってしまいます。何回話しても結構ですので、1回あたりの発言は短めにしてください」

「また、相手の話によく耳を傾けて聞いてください。そして、様々なアイデアをつなぎ合わせてみてください。その中で何か浮かび上がってくるものがあるはずです。そして何よりも会話を楽しんでください」

参加者にカフェ・エチケットを理解してもらうために、スライドでは次のような工夫をしました。1人で長々としゃべっている人のイラストに大きなバッテンのマーク。「問い」とは違うテーマで雑談が始まっている人にもバッテンのマーク。ブーというブザー音などです。

模造紙の使い方の説明

栗谷は、模造紙の書き方について説明しました。

「この紙は、皆さんが話し合いをしながら自由に落書きをしていただくためのものです。文字だけではなくて、上手に書く必要はありませんので、絵も描いてください。後で発表をするためのものではありませんので、きれいに整理して書く必要はありません」

「できるだけ真ん中に大きく書いてください。それを見ながら全員が自由に付け加えていくと新しいアイデアが生まれやすくなります」

寺岡市民が10年後の夢を語り始めた

第1ラウンドの話し合いのスタート

「説明は以上です」栗谷は参加者を見渡して、ほほ笑みを浮かべながら、語り始めました。

「いよいよ、これから30分間、話し合いを行います」

「30分たったら、私が手を挙げますので気がついた方は同じように手を挙げてください。これが話し合い終了の合図です。大きな声で強制的に話し合いを中断させたくないので、ご協力ください」

栗谷は、ほんの少しの間、沈黙しました。そして、参加者が注目している頃合いを見計らって、

「それでは、第1ラウンドの問いは」

「寺岡の良い所を市外の人に自慢するとしたら、どんなところ？　です」

栗谷はもう一度、ゆっくり言いました。

「寺岡の良い所を市外の人に自慢するとしたら、どんなところ？　です」

「皆さん話し合いを始めてください。今、私が発表した『問い』を忘れないように、誰か代表して模造紙に大きく書き留めてください」と参加者に促しました。

話し合いがスタートしました。

最初の1分ぐらいは静かだった会場も、それを過ぎると、あちこちのテーブルから声が上がるようになりました。5分すぎる頃には、賑やかな喫茶店のようにあちこちテーブルから会話が聞こえてくるようになりました。不思議なもので、参加者は皆、初めて会う人ばかりなのに、10年来の友人と話しているように楽しげです。

寺岡市企画課の4人は会場に分散して、各テーブルの話し合いの様子を観察しました。あるテーブルでは、10代の若者と子育て中のお母さん、40代の男性、おばあちゃんと、まるで親戚が集まった食卓のようなテーブルでした。誰が主役になるというわけでなく、それぞれが自分のアイデアを積極的に話していました。

他のテーブルの話し合いでも「へぇ、そうか、なかなか良いアイデアだな。なるほどな」という意見

がとびかっています。この時点で、栗山は今回の企画がうまくいっていることを確信しました。

第2ラウンド開始前〈参加者の移動〉

栗谷は、手を挙げて少し前方に歩み出して、片手を高く挙げました。話し合い終了の合図です。テーブルを巡回していた企画課のメンバーも手をあげました。少しずつ、参加者の手が上がり始め、すぐ全員の手が上がりました。それを確認した栗谷は、次のように話しました。

「手挙げにご協力いただきありがとうございました。それではこれから第2ラウンドに移ります。テーブルごとにテーブル・ホストを決めていただきます。ホストの方は、テーブルに残りますが、他のメンバーの皆さんは『旅人』となって、他のテーブルに移動していただきます」

参加者は1人分残して席を立ち移動を始めました。企画課の4人は、どこに行こうかと迷っている参加者に対してテーブルが同じ性別、年齢で片寄りが出ないように導きました。また、第1ラウンドとほとんど同じメンバーで構成されているテーブルの参加者には、今度は別の参加者と話すように促しました。

第2ラウンド開始前〈第1ラウンドでの情報共有〉

栗谷は全員が着席したことを確認してから話し始めました。

「テーブル・ホストはそのテーブルでどのような会話が交わされたのか、どのようなアイデアが出されたかを、やって来た『旅人』に簡単に説明してください。その際すべてを詳細に説明する必要はありません。印象に残ったアイデアだけで結構です」

「続いて、やって来た『旅人』は前のテーブルでどのようなアイデアがだされたかについて語ってください。その際、自分の考えではなく、テーブルでの話し合いの内容を話すようにしてください。この時も、印象に残ったアイデアだけで結構です」

「5分たちましたら、再度、私が手上げをいたしますので、皆さんも挙手をお願いいたします。それで情報共有は終了です」

第2ラウンドの話し合いのスタート

栗谷は続けました。「これから2ラウンド目の話し合いに入ります。いいですか、皆さん。第

2ラウンドの問いは」栗谷は、ここで意図的に言葉を切りました。そして、

「10年後、寺岡はどんなに素敵になっていますか？」

「10年後、寺岡はどんなに素敵になっていますか？」

さっきと同じように、二度繰り返しました。

「時間がきましたら、手を挙げますので気がついた方は同じように手を挙げてください。それでは、皆さん話し合いを始めてください」

第2ラウンドでの参加者の話し合いはさらに盛り上がっています。

「私の考えはこんな感じ、はい次どうぞ！」と次の発言者にバトンタッチする人、それを受けて「前々から考えていた、いい考えがあるのよ」と語り始める人、他の参加者のアイデアをこうですか？　と絵に描く人、模造紙いっぱいに矢印をひく人、その意見いいわねと拍手する人、すべてのテーブルでこうした光景が見られ、会場全体が賑やかで、活気のある空気に包まれました。

第3ラウンド開始前〈移動と情報共有〉

栗谷は、手を挙げて第2ラウンドの話し合いを終了しました。参加者全員が手を上げたのを確認した栗谷は、話し出しました。

「今度は皆さん、一番最初にいたテーブルに戻ってください。第3ラウンドは今までのアイデアをつないでいく段階です」

「テーブルの上の模造紙には、前のラウンドで『旅人』が付け加えていったアイデアが書き込まれているはずです。テーブル・ホストは、どんなアイデアがもたらされたのかを説明してください。『旅人』は、『旅先』からどのようなアイデアを持ち帰ったかを披露してください。そして、すべてのアイデアがどのようにつながっているかを考えてみましょう。また、どのような気づきが得られたかについても話し合ってください。実際に話された言葉や、書かれたことだけでなく、その行間から聞こえてくることにも耳を傾けてみてください。」

第3ラウンドの話し合いのスタートと終了

栗谷は続けました。

「これから3ラウンド目の話し合いに入ります。第3ラウンドの問いは…ずばり『10年後に向けた寺岡市魅力アップの切り札は?』です」栗谷は前2回のラウンドと同じように、「問い」をもう一度繰り返しました。

「それでは、皆さん話し合いを始めてください。」

1ラウンド目よりも、2ラウンド目、2ラウンド目よりも3ラウンド目と参加者の会話も弾んでいるのが、よくわかりました。最初は喫茶店の賑やかさだった会場は、3ラウンド目にはコンサート会場のロビーの賑やかさになりました。わいわいガヤガヤという感じです。

すべてのテーブルで、話し合いが盛り上がっているので、その最中は栗山たち4人も手持ち無沙汰でした。

「不思議ですね。誰かが仕切っている訳ではないのに、みんなが積極的に寺岡の未来のことを熱く語っています」と友永は言いました。

「話し合いがはじまると、僕たちすることないですね」と内山も言いました。

「まるで魔法にかかったようですね」村岡は言いました。栗谷たちはワールド・カフェの威力に圧倒されました。

第3ラウンドの話し合いが終了しました。参加者は名残惜しそうに話し合いを続けていましたが、やがて全員の手が挙がりました。栗谷は参加者に、

「皆さんからは、まだまだ話したい、という空気が伝わりますが、これで3ラウンドの話し合いは全部終了です」と伝えました。

振り返りシートの記入および全体シェア

栗谷は、参加者一人ひとりに今日1日の話し合いを振り返ってもらうことにしました。

「さて、今スタッフが皆さんの所に大きな付箋紙を配っています。今日のワールド・カフェカフェで参加者それぞれが、今日、「このアイデアはいいね！」と思ったものを大きめの付箋紙に2つ以上書き、掲示板に貼り出してください。それは自分の意見でも、一緒のテーブルで話した参加者のものでも構いません」

「皆さんが書いてくれたものは、後日、専門家会議や市役所の会議で『市民からはこういうアイデアが出されています』と議論の材料になります。また、広報やホームページでも公表しますので、ぜひ、今

日、この会場で出された素晴らしいアイデアを教えてください」

友永、村岡、内山が3つの掲示板を会場の正面に用意しました。一人また一人、参加者が掲示板にアイデアを書いた付箋紙を貼り始めました。しばらくすると、掲示板の前は付箋紙を持った参加者で人だかりとなりました。「そうそう、この意見いいよね」と、みんなが、他の参加者が貼った付箋紙に見入っているからです。こうして、1人2枚から3枚の付箋紙を次々に貼っていき、全部で200近い市民意見が集まりました。それは皆、全て心の底から寺岡市を良くしたい、という思いに満ちたものでした。

寺岡市民の話し合いは続く

商店街の活性化、市民の公共施設の使い方、新しい観光の在り方へ

付箋紙を貼り終わり、全員が席に戻りました。栗谷は素晴らしい意見ばかりだと思いました。そして、そのうち5枚ほどを読み上げ、書いた人に前に出てきて説明してもらえないだろうか、とお願いしました。参加者は皆、はにかみながら登場しましたが、会場全員の拍手で迎えられ、「このアイデアがいいな、と思ったのは」とその理由を発表しました。

こうして、ワールド・カフェの1日目が終わりました。次の週には2日目が行われます。

栗谷が終了を宣言しても、会場から人の姿は消えませんでした。会場のあちこちで、立ったまま、あるいはイスに腰掛けて、参加者同士の話し合いが続いていたからです。貼り出された付箋紙の前で語り合ってる人たちもいます。

「まだワールド・カフェが続いていますね」と村岡は冗談めかして栗谷に言いました。

本当だ、その通りだ、と栗谷は思いました。

4章

地域にコミュニティをつくるためのプロセスデザイン

この章では、地域コミュニティを立ち上げて、活動を展開していくプロセスと、その各段階でワールド・カフェとOST（110頁コラム参照）がどのように活用されるのかについて解説します。

その際、頭に入れておきたいことは、MITのダニエル・キムが提唱した「成功の循環モデル」です（図4・1）。

このモデルによると、物事を成功させるためには、いきなり結果を求めるのではなく、まずはメンバーの関係の質を良くすることが大切だということがわかります。関係の質が高まると、皆で協力すれば課題解決も困難ではないという思考の質が高まり、これによりメンバーが協力して行動を起こすようになり、行動の質が高まります。そして行動の質が高まると結果の質も高まるということです。

このモデルを地域コミュニティの立ち上げと運営

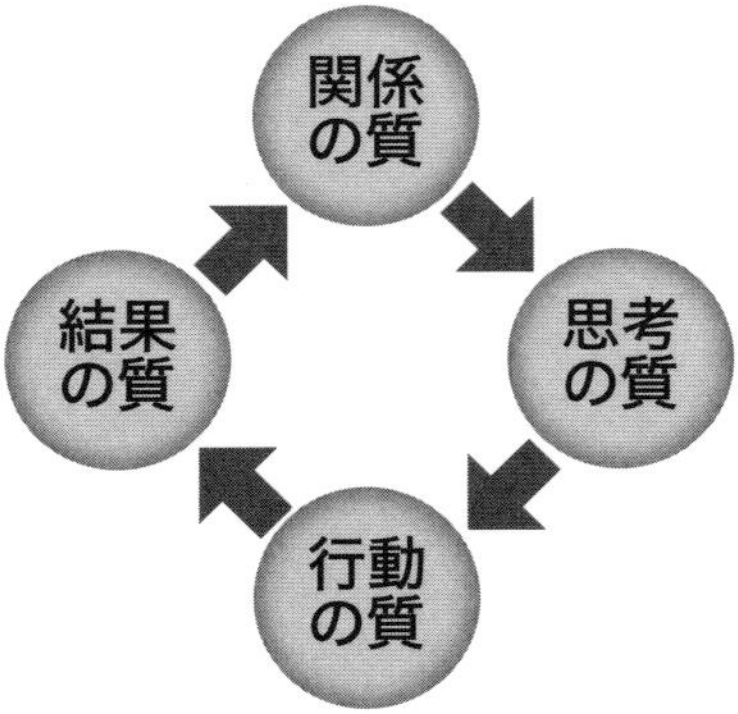

図4・1　成功の循環モデル（出典：Daniel Kim "*What is your organization's core theory success*" The Sistem Thinker, Pegasas Communications, April 1997より作成）

のプロセスに当てはめると図4・2のようになります。

STEP1 発起人グループが取り組む課題を決定し、目的を明確化する

どのようなコミュニティでも、最初は誰か特定の人が身近な人に呼びかけることから始まります。もし、あなたが地域の抱える課題ついて仲間と共に取り組みたいと考えるならば、最初にやるべきことは、同じ志を持つ仲間を探すことです。あなたの考えに賛同してくれる人が2～3人ないし4～5人見つかったら、お互いの思いをじっくりと話し合いましょう。この段階では、人数も少ないので、ワールド・カフェによる話し合いは難しいかもしれません

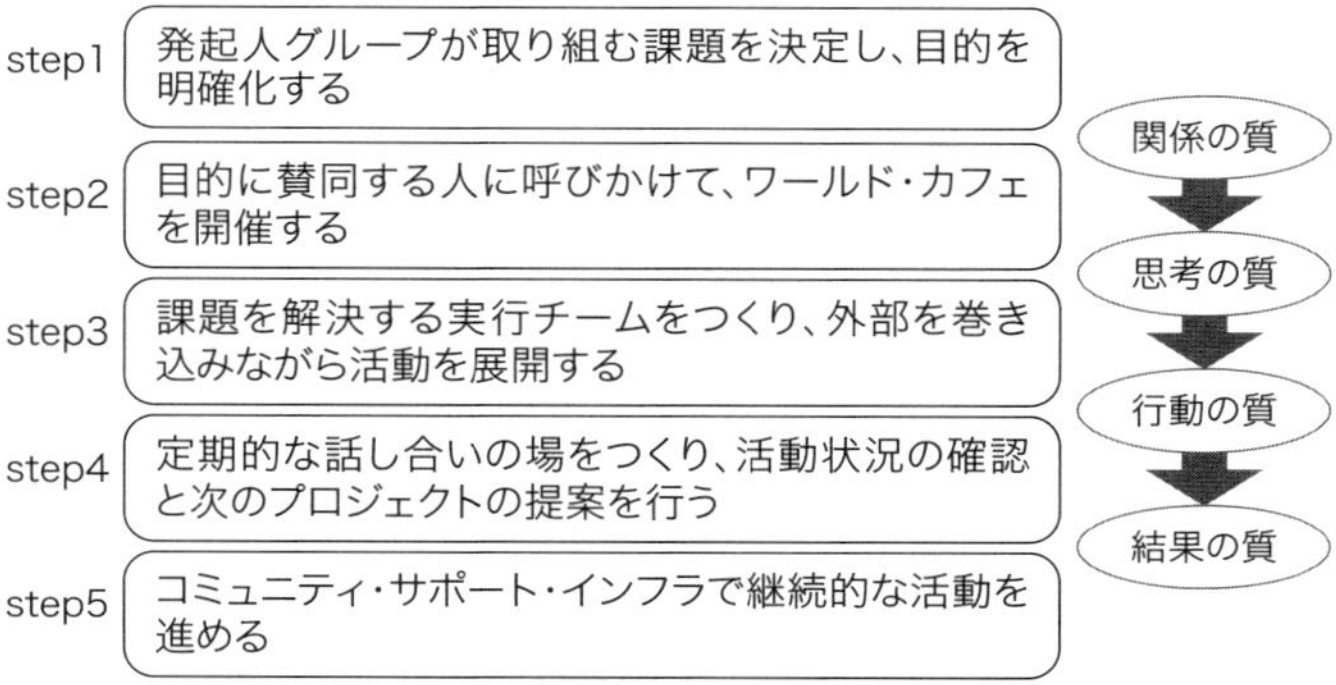
step1
発起人グループが取り組む課題を決定し、目的を明確化する
step2
目的に賛同する人に呼びかけて、ワールド・カフェを開催する
step3
課題を解決する実行チームをつくり、外部を巻き込みながら活動を展開する
step4
定期的な話し合いの場をつくり、活動状況の確認と次のプロジェクトの提案を行う
step5
コミュニティ・サポート・インフラで継続的な活動を進める
関係の質
思考の質
行動の質
結果の質

図4・2　地域コミュニティの立ち上げと運営のプロセス

が、何故この課題に取り組みたいと考えたのかについての個人的理由などをストーリーとして話し合うと良いでしょう。相手の言葉に耳を傾けることにより、その人についての理解が深まり、信頼性が高まって、関係の質が良くなります。

すると、この仲間が協力すれば何かできるのではないかという前向きな考えが湧いてきます。これが思考の質が高まった状態です。

そして、他の人にも呼びかけて、仲間を増やそうということになります。

STEP2

目的に賛同する人に呼びかけて、ワールド・カフェを開催する

発起人グループの関係の質と思考の質が高まると、行動の質が高まり、より多くの仲間を募るための行動を起こします。この段階では、しばしばワールド・カフェが開催されます。

ワールド・カフェでは、地域の抱える課題についてどのように現状認識をするのか、何を目指したいのかなどについて率直な話し合いを行います。そこには、様々な思いや利害関係を持った人々が参加してきているので、時には対立が起こるかもしれません。

しかし、この段階で大切なことは、無理やり合意に導こうとはしないことです。

意見の違う人がいたら、その人がなぜそのように考えるのかの背景を理解しようとして耳を傾けます。また、自分の立場や考えも率直に語ります。するとと、発起人グループの話し合いで起こったのと同じように、関係性の質が高まり、思考の質が高まります。

この段階での話し合いは、短時間に結論を出そうとするものではないので、場合によっては何度もワールド・カフェを開催するということも考えられます。

地域コミュニティで行うワールド・カフェでは、次のような問いの構成で実施すると良いでしょう。

第1ラウンド：リソース（良いところ）を確認する

まちづくりのワークショップでは、現状の確認から始めるのが良いでしょう。しかし現状について話し合うといっても、問題点にばかり目を向けていたのでは、実現する意欲が湧いてくるポジティブな未来の姿を思い描くことにはつながりません。ですから、現状把握は、町の良いところや、強み、みんなが大切にしていること、将来の発展に役立つ資源などについて話し合うことが大切です。

第1ラウンドでの具体的な問いとしては、次のようなものが考えられます。

●問いの例

・あなたはこのまちのどこが好きですか？

・このまちの自慢できることは何ですか？

・このまちの宝物は何ですか？

・このまちの人々は、何をしている時に最も輝いていますか？

・このまちの「世界一」は何ですか？

・次の世代に残したいこのまちの良さは何ですか？

第2ラウンド：実現したい未来の姿について話し合う

リソースを確認すると未来の可能性が見えてきます。自分たちが実現したい未来の姿をできるだけイキイキと思い描けるような問いを用意して話し合います。その際、あまり現実に引きずられないようにすることが大切です。

具体的には次のような問いが考えられます。

●問いの例

・10年後、人々はこのまちをどんなまちだと言っているでしょうか？

・10年後、このまちでは、どんな人が何をしていますか？

・あなたは10年後、このまちで誰とどんなことをしていますか？
・あなたが最も見たいこのまちの未来の姿はどんなものですか？
・10年後、世界の人々は、何がこのまちの魅力だと言っていますか？
・10年後、このまちは世界にどのような形で貢献していますか？
・10年後のこのまちは、今と比べるとどこがどのように変わっていますか？

第3ラウンド：目指す姿を実現する方法について話し合う

実現したい未来の姿をイキイキと思い描いたら、それを実現するために何が必要なのかを話し合います。この段階では、具体的な方法を語り合うだけでなく、理想を実現するために解決しなければならない課題について話し合うことも意味のあることかもしれません。

●問いの例

・より多くの人にこのまちの魅力を伝えるにはどうすれば良いのでしょうか？
・より多くの人がこのまちに関心を持ってくれるためには何が必要でしょうか？
・このまちの魅力をさらに高めるためには何が必要だと思いますか？
・理想の未来を実現するためにどんな第一歩を踏み出しますか？
・このまちのより良い未来を実現するために、仲間と共に取り組みたいことは、何ですか？

・将来、私たちが幸せに暮らしていくために、今なすべきことは何ですか？
・理想的な未来を実現するために解決しなければならない課題は何ですか？
・次の世代のために何をどう変えたいですか？

ハーベスト：全員で話し合いを振り返る

3ラウンドの話し合いが終わると、どんな気づきや発見があったかを全員で共有します。この段階では一人ひとりが一言づつ発言する方法や、気づいたことを付箋紙に書いて壁に張り出して、それを皆が話し合うなどの方法が取られますが、まちづくりのワールド・カフェでは、理想的な未来の町の姿やそこで起こっていることなどを各人で画用紙に絵を描いて表現し、それを共有することも有効です。

STEP3 課題を解決する実行チームをつくり、外部を巻き込みながら活動を展開する

何回かのワールド・カフェを開催して参加者の関係性の質が向上し、現状についての理解が深まり、やりたいことが明確になってきて、この仲間とならできるかもしれないという期待が高ま

るなど思考の質が良くなってくると、具体的な行動に移る準備ができてきます。

通常はこの段階でＯＳＴ（オープンスペース・テクノロジー）という話し合いの手法によるワークショップが開催されます。

ＯＳＴでは、検討したいテーマや実現したいプロジェクトを思いついた人がそれを提案し、賛同する人が集まって実行チームをつくります。この段階に入った時は、まさに行動の質が向上したことを示しています。

ＯＳＴには、実現したいプロジェクトを思いついた人が、仲間を募って共に取り組みやすくする仕組みがあります。ですからコミュニティの中から自発的なリーダーが生まれ、様々な活動が自己組織的に生まれてくる環境を用意するのに役立ちます。なお、ＯＳＴの詳細については、１１０頁のコラムをご覧ください。

ＯＳＴを行うなどして実現したいプロジェクトについての実行チームが編成されると、プロジェクトを成功させるためには、ＯＳＴに参加した実行チームのメンバー以外の人に加わってもらう必要があることに気づく場合があります。そうした場合には、ＯＳＴ終了後にメンバーに加わって欲しい人にはたらきかけて協力関係を築き上げる必要が生じます。

通常、プロジェクトを成功させるためには、次のようなステークホルダーの協力が必要だと言われています。

・プロジェクトを実行に移すために必要な意思決定権者
・プロジェクトの遂行に必要なリソースを持っている人
・プロジェクトの遂行に必要な専門知識や情報を持っている人
・プロジェクトを実行することにより影響を受ける人

STEP4 定期的な話し合いの場をつくり、活動状況の確認と次のプロジェクトの提案を行う

OSTによっていくつかのチームが活動を展開すると、次第に成果が出てくるチームも出てきます。この段階で、コミュニティ内のチームに様々な課題が出てきます。

そこで1年に1回は定期的なコミュニティ全体での話し合いの場をつくり、①チームごとの活動状況をコミュニティの全員が確認し、現在抱えている課題の解決をコミュニティ全体でサポートする、②次のプロジェクト継続の確認と新しい提案を行う、ということが必要になってきます。

活動状況の確認

一人ひとりがチームの活動に真剣に取り組むあまり、他のチームの活動やコミュニティ全体の

目的に目がいかなくなることがあります。そのため思わぬ障害にぶつかって悩んでいるチームが立ち往生していても、それを他のチームは気付きません。最終的に、そのチームの活動や人間関係がうまくいかなくなってチームが崩壊してしまうことも起こります。

こうなると、コミュニティ内のチームがそれぞれの活動に閉じこもり、コミュニティ全体がチームごとに分裂してしまい、最悪、コミュニティが崩壊してしまうことも起きます。

このようなことが起きないためにも、他のチームの現状をお互いある程度把握し、小さな成功をお互いが祝福し、一つのチームが困っている課題を解決するためにコミュニティ内の他のチームメンバーが知恵やリソースを提供することが大切です。

そのために、定期的に話し合いの場を設けておくことが必要になります。そうした話し合いの場に効果的なのが、プロアクション・カフェという話し合いの手法によるワークショップです。プロアクション・カフェは、ワールド・カフェの知恵を結びつける役割とOSTのアクションにつながる対話の良いところを組み合わせた手法と言われています。

プロアクション・カフェでは、各チームのリーダーが1人ずつテーブルごとに分かれて座り、チームのプロジェクトのスタートした背景や目的、現在抱えている課題を語ってもらいます。チームリーダーとテーブルを囲んだコミュニティ内の他のチームのメンバーは、チームリーダーが抱えるプロジェクトの課題解決や目標実現のための今後の活動をサポートするワールド・カフェへ形式の話し合いを行います。

●ラウンド1「プロジェクトの目的」

チームリーダーがテーブル・ホストになってテーブルに分かれて座ります。チームリーダーが最初にプロジェクトがスタートした背景や目的について語り、コミュニティ内の他のチームのメンバーと質疑応答を行う。チームリーダーは当初のプロジェクトの目的を再確認できます。

●ラウンド2「活動における課題や悩み」

チームリーダーが、チーム内だけでは解決できない課題や悩みについて話し、他の参加メンバーからアドバイスをもらったり、リソースの提供を受けます。

●ラウンド3「次の一歩は？」

チームリーダーがプロジェクトの推進していく時の次の一歩について語り、他の参加メンバーのフィードバックやアドバイスをもらいます。

最後に、チームリーダーが3ラウンドの話し合いの内容、および、これからのプロジェクトのビジョンについて全体発表し、質疑応答を行います。

プロアクション・カフェの上記のような話し合いを経ることで、それぞれのチームは、各チームの活動がうまくいっていることを確認できますし、課題の解決策のアドバイスや支援を他のチームのメンバーから得ることができます。このことで、チーム間の信頼関係も一層向上し、コミュニティ全体の関係の質が高まり、成功の循環の新たなサイクルに移っていくことができます。

新たなプロジェクトの提案

定期的な振り返りでは、OSTを用いて、新たなプロジェクトを提案する場を持つことが大切です。

コミュニティ内で、新たに取り組んでいきたいプロジェクトのテーマが浮かんできて仲間を集めたいと思っているメンバーがいるかもしれません。

また、既存のチームはプロジェクトの継続を発表し、新規メンバーを募る場を持つことは、チームにとっても、最近コミュニティに参加するようになった人にとっても必要です。

また、最初に取り組んだテーマは意外と早く成果を出し、目標が実現するかもしれないので、プロジェクトを終了させたいチームもあるかもしれません。終了したチームのリーダーは、プロジェクトの内容を変更して再スタートすることもできますし、そのメンバーは他のチームに移ることもできます。

冒頭に、上記のような場が設けられていれば、コミュニティ内でのチーム活動は継続的に進展していくことになります。

STEP5

コミュニティ・サポート・インフラで継続的な活動を進める

コミュニティの活動を進めていく上では、メンバー間のコミュニケーションを円滑に行うための基盤となる「コミュニテイ・サポート・インフラ」が重要な役割を果たします。

このところ、インターネットなどのバーチャルなコミュニケーション・ツールを活用する動きも広がっています。インターネットをはじめとする情報通信の技術とサービスが飛躍的に発達したこともあり、コミュニティのメンバーが情報を共有し、意思を通じ合い、様々な活動を効率的に進めるための便利なサービスが活用できるようになっています。

特にSkypeやZoomなどのビデオ会議システムが安価に使えるようになってきたことは、地域コミュニティにおけるコミュニケーションのあり方に大きな変化を及ぼしつつあります。地域コミュニティの場合、メンバーが近くに住んでいたり、活動していたりするので、顔を合わせて話し合う機会をつくることは難しくはないかもしれません。しかし、多忙なメンバーがミーティングの時間を調整するのは結構難しいという現実もあります。インターネットを活用するビデオ会議システムだとわざわざリアルの会議室に出向かなくても、自宅や職場、出先などから気軽に会議に参加できるので便利です。

　また、21世紀型コミュニティでは、「薄膜のバウンダリー」に囲まれていて、地域の外の世界とも開かれたコミュニティにすることが求められています。他の地域との連携を模索したり、外部の専門家のアドバイスをもらったりするためには、ZoomやSNSなどのデジタルなコミュニケーション手段がとても便利です。

　しかし、デジタルなコミュニケーション手段だけでなく、顔を合わせて話し合うことが大切なことは言うまでもありません。その意味では、コミュニティのメンバーが気軽に集い話し合うことのできる「たまり場」のような物理的なスペースの確保を検討するのもいいでしょう。5章で紹介する塩尻市の事例では、地域にある空き家を活用して、「塩ラボ」から生まれた様々なプロジェクトの溜まり場にしています。また、宮代町の「チームこみぞう」では、進修館という施設を使って定期的なミーティングを行っています。

　現在では、リアルやバーチャルを含めて様々なコミュニケーション手段が利用可能になっています。しかし、今でも電話やファックスでしか連絡を取らない人がいるように、どのコミュニケーション手段が便利なのかは、人によって様々です。従って、メンバー構成や活動内容など、コミュニティの置かれた状況によって、どのようなコミュニティ・サポート・インフラを使うのかを慎重に検討することが望まれます。

OST

OSTとは

人は誰かに言われたからではなく、自分が本当にやりたいと考えたことに取り組んだ時にもっとも能力を発揮することができます。OST（オープン・スペース・テクノロジー）」は、この内発的な動機を引き出して、成果に結びつけようとするワークショップの手法だと言えます。

OSTでは、参加者が検討したいテーマを提案し、それに賛同する人が集まってチームをつくり話し合います。その結果、テーマに対する理解が深まり、具体的なプロジェクトが生まれやすいのです。

ワールド・カフェの場合は、主催者がテーマを「問い」という形で提示して、それについて参加者が話し合いますが、OSTの場合は、参加者自身が話し合うテーマを決めるという点が大きな違いとなっています。

ワールド・カフェとの組み合わせが効果的

ワールド・カフェでは、多様な視点を取り入れた話し合いが行われることにより、テーマに対する理解を深めることができます。しかし、ワールド・カフェは結論を出すための話し合いの手法ではないので、話し合いの結果が直接的にアクションに結びつきにくいと言われています。

これに対して、ＯＳＴでは、参加者の内発的な動機から提案したテーマについて話し合いが行われるので、検討が深まり、具体的なプロジェクトや行動に結びつきやすいというメリットがあります。

従って、ワールド・カフェでテーマに関する理解を深め、具体的なアクションを導くためにＯＳＴを実施するという組み合わせがよく行われています。

本書で紹介した事例にも、ワールド・カフェからＯＳＴという流れのものが多いのはこのためです。

ＯＳＴのプロセス

ＯＳＴの一般的なプロセスは図４・３に示す通りです。

●オープニング

オープニングでは、参加者がサークル状に着席して、ファシリテーターからの説明に耳を傾けます。ファシリテーターは、OSTの目的（テーマ）、誰が参加しているか、本日の流れ、グラウンド・ルールなどを説明します。

●分科会

その後、各分科会に分かれて検討が進められます。検討結果はあらかじめ決められたフォーマットに従って議事録という形で取りまとめて、壁に張り出して共有します。

●検討テーマの提案

続いて、ファシリテーターが、検討したいテーマのある人は提案してほしいと呼びかけます。呼びかけに応じて、検討したいテーマのある人がサークルの中央に進み出て、テーマを紙に書いて読み上げます。その後、次々と提案が出されて、提案されたテーマは壁に張り出されます。

●マーケットプレイス

テーマが出揃うと、全員が壁の前に集まり、参加したいテーマに名前を書いてグループをつくります。この際、検討するテーマの統合や、検討順序などについて参加者同士で話し合い、自分たちでテーマと時間割を決めます。

その後、各分科会に分かれて検討が進められます。

検討結果はあらかじめ決められたフォーマットに従って議事録という形で取りまとめて、壁に張り出して共有します。

●クロージング

再び全員がサークルに集まって、今回のOSTでの経験について感じたことなどを共有してワークショップを終了します。

OSTのグラウンド・ルール

オープニングに際してファシリテーターは「4つの原則」(図4・3)と「移動性の法則」(図4・4)について説明しますが、これらはOSTのグラウンド・ルールとでも言えるものです。

この4つの原則のうち「参加してきた人は、誰であれ適切な人である」と「何が起ころうと、そ

・参加してきた人は誰であれ適切な人である。
何事においても偉大な結果を出す人は、その問題を大切だと考え、自ら進んで参加してくる人々なのだ。

・いつ始まろうと、その時が正しい時である。
スピリットは時計に従って動くものではない。だから我々はここにいる間は、いつ出現するかもしれない偉大なアイデアや新しい洞察に注意を持って集中していることが求められる。

・何が起ころうと、それが、起こりうるべき唯一のことである
こうありえたかもしれない、こうだったかもしれない、こうあるべきだったという考えは捨てて、今現に起こっていること、現在可能になっていることなどの現実に全神経を注ぐことが大切だ。

・いつ終わろうと、終わったときが終わりである。
与えられた課題に取り組むのにどれほどの時間が必要かわからないので、恣意的に決めたスケジュールに従うのではなく、仕事をやり遂げることがより重要だ。

図4・3　4つの原則
(出典「オープン・スペース・テクノロジー」(ハリソン・オーエン著、㈱ヒューマンバリュー訳)より作成)

れが起こりうるべき唯一のことである」は、「今ここ」に集中して取り組もうというメッセージです。また、「いつ始まろうと、その時が正しい時である」と「いつ終わろうと、終わった時が終わりである」は、管理された時間に従うのではなく、体感的な時間に従って話し合いを進めようという呼びかけだと理解されます。

次に「移動性の法則」ですが、主体的な判断に従って時間を有効に使おうという呼びかけです。そして、この法則に従うと、参加した分科会が期待はずれだったら別の分科会に移動する「蜂」や、そもそもどの分科会にも参加しない「蝶」としての振る舞いも奨励されるのです。

- どのように時間を使うかはあなたの責任である。グループの中で貢献できていなかったり学習できていないなら、二本の足を使って自分が学んだり貢献できるところに移動すべきである。
- グループの中に上司がいて、あなたは学んだり貢献したりしていないと感じたならば、この「二本足の法則」に従うべきである！

マルハナバチ

- 自然界では、マルハナバチは花から花へと移動して花の交配を手助けしている
- ＯＳＴでは、マルハナバチは、ミーティングからミーティングへと移動する
- 他のグループでどのような議論が行われているかについての情報によりミーティングの交配を行うことは極めて重要である
- だから彼らのことを無作法だなどと思ってはいけない

蝶

- 蝶はただ飛び回っているだけなので、なかなか理解しづらい存在である
- 蝶はかなりの時間をコーヒー・テーブルや ニューズ・ルームで費やしているかもしれない
- しばしば蝶は知恵者であるかもしれない。また、ＯＳＴのホストかもしれない
- 蝶は決して怠け者ではない

図 4·4　移動性の原則

（出典:「オープン・スペース・テクノロジー」（ハリソン・オーエン著、㈱ヒューマンバリュー訳より作成）

ＯＳＴ実施にあたっての留意点

ＯＳＴを実施すれば、いかなる状況においてもアクションが生まれ、深い探求が行われるとは限りません。ＯＳＴが成功するかどうかは、参加者の内発的な動機からくる自発的な行動にあります。ですから、テーマについて参加者が強い目的意識を持っていることが事前に把握できない場合には、ＯＳＴを開催する前にワールド・カフェをやるなどして参加者の問題意識を高めておく必要があります。

ＯＳＴを成功させるためのもう一つの留意点は、参加者の自発性を促して自己組織化が起こりやすくするために、極力ファシリテーターによるコントロールをしないことです。そのため、ファシリテーターは、４つの原則や移動性の法則などのグラウンド・ルールを示します。

また、ファシリテーターの役割を「場を開き、場を保持する」に徹して、場への介入を最小限に止めようとします。

5章

ワールド・カフェをきっかけとした地域の本質課題への取り組み

本章では、ワールド・カフェから始まる地域コミュニティづくりをしている5つの事例をご紹介します。

1　新たな賑わいを目指してビジョンづくり、そして実践へ：桜井市本町通・周辺まちづくり協議会

2　毎月開催！　市役所職員が未来をつくる「しおラボ」：塩尻市役所

3　「シゴト軸」のコミュニティづくり：非営利型株式会社Polaris（調布市）

4　コスプレイベントで商店街活性化：チームこみぞー（宮代町）

5　日本全国各地に地域包括ケアの21世紀型〈地域コミュニティ〉をつくる：一般社団法人地域ケアコミュニティ・ラボ

なぜ、上記の5事例を取り上げたのか？

完全ではありませんが、共通項と考えられるものをあげてみたいと思います。

・コミュニティづくりにおいてワールド・カフェが起点になっている。

・ワールド・カフェに集まった方々が当事者意識を高め、具体的な課題解決や目的実現のための

具体的な活動が個人あるいはチームから始まっている。

・補助金や外部人材に任せっきりでその日限りのイベントになっていない。

・企画者がリーダーシップを発揮していることはもちろん、ワールド・カフェに参加した人の中からリーダーシップを発揮する人が現われている。

・活動においては定期的に集まるたまり場が存在する。

・意欲のある人が参加できるオープンな活動を展開している。

なお、これら5事例を紹介するにあたっては、それぞれの活動の特徴と、読者の方が参考にできる強みを記しました。

case 1

新たな賑わいを目指してビジョンづくり、そして実践へ

桜井市本町通・周辺まちづくり協議会

開催までの経緯

奈良県の桜井市は奈良県中部に位置する約6万人の市で、大神《おおみわ》神社、長谷寺など由緒ある歴史的な建造物に囲まれた街です。その桜井市に本町通という商店街があります。桜井駅南側に位置し、竹ノ内街道から伊勢本街道の中間に位置します。約40年前は、奈良県3大商店街の一つと言われ、にぎわっていましたが、今は量販店や大型ショッピングモールに押されてシャッター街と化し、残存率20%と見る影もなくさびれています。

そんな中で2011年7月に桜井市本町通・周辺まちづくり協議会（以下、協議会）が設立され、「住民」「商店主」「行政」「大学」等が協働して地域資源を活かしたまちづくりに取り組むことにより、住民同士のつながりや地域の賑わいを取り戻し、本町通とその周辺の発展を目指す

ことになりました。

岡本健さんはその商店街にあった衣料品店の長男として育ち、進学・就職により故郷を離れていましたが、定年を控え40年ぶりに戻ってきました。そして、協議会の発足を知り、そのメンバーに加わり様々な活動に参加するうちに、実家のある生まれ故郷をどうにかしたいという気持ちが強く芽生えてきました。今までビジネスで培ってきた組織づくりのノウハウや幅広いネットワークをこの桜井商店街の再興・活性化に活用できるのではないかと思うようになりました。

その後、協議会の副会長となった岡本さんは、桜井市の未来を現状の延長線上で考えて将来を憂うるのではなく、自分ごととして捉え、自らできることから現状を変え、自分たちの未来をつくっていくためには、目指すべき明確なビジョンが必要であると考えました。

そのための第一段階として、過去、銀行の支店や関連会社の職場で活用してきたワールド・カフェをメンバーに知ってもらい、ビジョン策定への第一歩としました。

まちづくりメンバーと市役所の若手職員に集まってもらい、「桜井の未来を語ろう」というテーマで実施しました。桜井の強みは何か、どんな資源があるか、では次に自分としてどう活かしたいか、やれるとすればどんなことか、そして、それが実現するとどんないいことが生じるかを考え、対話してもらうように問いを投げかけました。

第1ラウンド：あなたにとって桜井はどんなところが魅力でしょうか？

第2ラウンド：さらに魅力ある桜井にするために
　あなたのやりたいことは？
第3ラウンド：第2ラウンドと同じ問い
第4ラウンド：桜井の未来に向けてどんなことが
　生まれていったら嬉しいですか？
上記のように、4ラウンド実施しました。

各々のメンバーの想いは様々でしたが、イメージが共有され、共鳴することにより、桜井の魅力への気づきと、自らも何かやっていこうというエネルギーが生まれた場となりました。対話が終わったあとのメンバーのすがすがしい顔は今でも思い浮かんできます。これがワールド・カフェの醍醐味です。

こうした下準備をした上で、桜井駅南口エリアの将来ビジョンを明確にするワークショップを開催しました。以下が協議会主催で第1弾、第2弾、第3

地元高校生も入り、まちづくりメンバーと桜井の未来を語る

弾に分けて開催された桜井駅南口エリア将来ビジョン構築ワークショップの内容です。

目的とプロセス

桜井駅南口エリア将来ビジョン構築ワークショップの初回は、2014月5月に開催しました。参加者は、まちづくり協議会メンバー、桜井市や奈良県の行政職員、女子高校生や景観まちづくりプロジェクトの支援をしている大阪工業大学の学生、ボランティア活動をしている市民や子育て世代主婦など30名近い多彩なメンバーでした。目指したゴールは、対話を通じて桜井駅南口エリアの「未来に向けての新たな関係性」の構築と活性化のための「新しいアイデア」を生み出すことでした。

まずは、「2020年の桜井駅南口をどんな駅前にしたいか」という問いについて、ワールド・カフェ方式で話し合うことから始めました。話し合いの冒頭では、「どうせ話しても変わらない」というかすかなあきらめが漂っているようでしたが、対話を重ね自らが様々なアイデアを出す中で、前に進んでいこうという希望のようなエネルギーが会場全体にあふれ始めました。

ワールド・カフェ終了後に取り組んだブレーンストーミングから生まれた、桜井市南口エリアの7つのキーワードは以下の通りです。

①最も優しさであふれる駅前、すべて木でできている／地産地消
②「育・食・福祉」のハーモニー／駅前図書館・高齢者コミュニティ
③だれもがワクワクする駅前／そうめん・温泉・教育・イルミネーション
④ギネス認定なが〜い足湯／開放感・木・オープンカフェ
⑤世界遺産の玄関口／ハブ的施設・若者ガイド
⑥「にぎわい」「清潔感」「季節の花」がある良い雰囲気
⑦日本一子育てしやすい街／木造保育所・次世代向け仕掛け

最後の全体シェアでは、上記の7つのアイデアをその実現した姿を思い描きながら元気に発表している姿が印象的でした。

将来ビジョン構築ワークショップの第2弾は同年9月に開催されました。桜井市駅前玄関口の公的施設として重要な拠点であるエルト2階を南エリアの中心市街地活性化の拠点と位置付けて、そのありたい姿について対話をするワークショップでした。

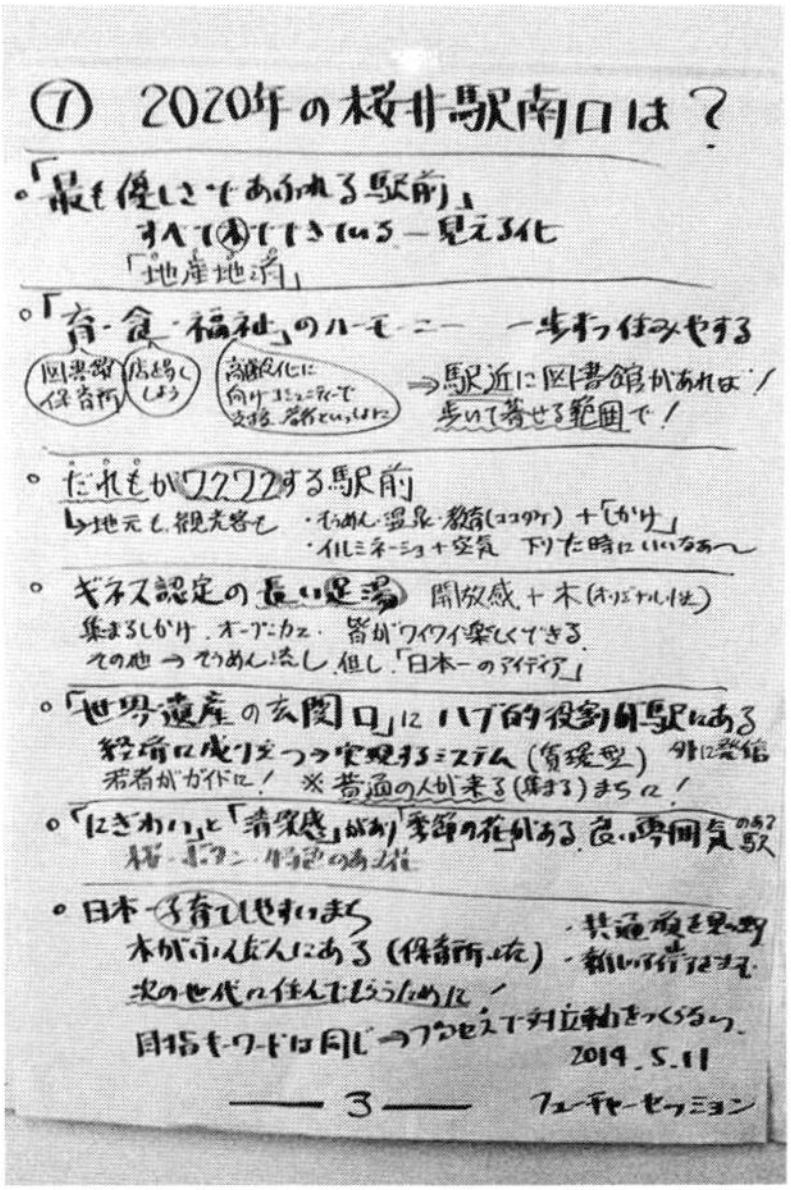

2020 年の桜井駅南口をどんなまちにしたいかのまとめ

ワークショップの進め方を聞くメンバー

まず、「エルト2階拠点をどのように活用したらいいか？　ありたい姿は？」という問いについて、ワールド・カフェ方式で3ラウンド話し合いました。

そこから出てきた様々なアイデアを集約して以下の4つのアイデアが生まれました。

①〈ハード整備〉桜井駅南口〜エルト2階直結歩行者デッキによる集客と利便性向上
②〈公共サービス〉市民サービスのできる市役所機能
③〈観光拠点〉人々が集い、行き交い、賑わっている観光案内所と若手観光ガイド
④〈子育て支援機能〉保育所・こどもの遊び場・悩み相談・女性のはたらく環境サポート

将来ビジョン構築ワークショップの第3弾は、同

エルトの前に立つ岡本さん

年10月から12月に毎月1回ずつ3回開催されました、「桜井駅南口エリアのビジョンを描こう！」と題して未来を描き、具体化していった3回シリーズのワークショップでした。

1回目は、シナリオプランニングの手法、SWOT分析を使い桜井市南口の4つのシナリオを描きました。2回目は〈2020年の未来の桜井駅南口エリアの未来〉のプロトタイプをつくることで、ありたい姿を共有することを目的にワークショップが開催されました。

まず、最初に、4人から5人でテーブルに分かれて一人ひとりがそれぞれのエピソードをおりまぜながら、ワールド・カフェ方式で語りあいました。3ラウンドの問いは、以下の通りです。

第1ラウンド：桜井市になくてはならないものは
　何だと思いますか？

ワールド・カフェの風景

第2ラウンド：その中で、桜井駅南口に不可欠な要素は何ですか？
第3ラウンド：桜井駅南口に絶対なくてはならないもの・機能・施設は何ですか？

話し合いが終了後、第3ラウンドの問いから生まれた機能・施設案を投票で絞り込み、参加者が案ごとに分かれて話しあった内容をもとに、桜井駅前の4つのビジョンのプロトタイプとしてまとめました。言葉で描き切れないものはメタファーで表現しました。

1　おもてなし文化体験──大和撫子をテーマに
・桜井は日本文化の原点／桜井発祥の本物を届けよう
・桜井ルネッサンス／大和撫子のブランド化

2　市内外の人へのサービス拠点
・女性・若者・こどもに魅力ある施設を
・駅直結の連絡道路／市役所の出先機関／カフェ機能のついた図書館
・観光地への出発地／歴史を発信する場

3　空き店舗を再利用した集客施設
・コンパクトなまちづくり／賑わいあるお店の復活

4　桜井の未来をつくるための教育環境整備

・子育て支援保育施設充実

最後となる第3回目のワークショップは、ビジョンごとに4～6人のチームをつくり桜井南口エリアのめざす姿（ビジョン）を描き、施設や機能の名称を考えることで具体化を進めていきました。

結果として生まれたのが、以下の2020年桜井駅南口エリア／4つのビジョンでした。

1　エルトの活用――2020年エルトへGO

・吉野杉の木製デッキで駅から直結／木製の椅子・机、杉板の床材で

・地元住民、観光客も自由に使える拠点。便利杉、楽し杉、入り杉

2　大和町家カフェ――上質な時間をあなたに本物の桜井を体験しませんか

・駅から2分、おもてなし／大和野菜、地元

ビジョンについて語り合うメンバー

シェフ、五感を刺激する風情
・おひとり様ＯＫ、夜にはバーも

3　ワークショップカフェ Face Look ——
フェイスツーフェイスで連鎖反応！
・あなたの夢をつなぐ、つながりコンシェルジュ／掲示板で仲間も募る
・透明感のある窓を設え、ワークショップグッズも揃う／Wifi フリー

4　さくらいエキマエ——ちょこっとマルシェ毎月開催
・ロータリーがヒト・モノ・夢があつまる交流の場に／食、飲、買、話
・誰でも気軽にふらっと立ち寄れる、店を出せる／ウッドあふれる空間

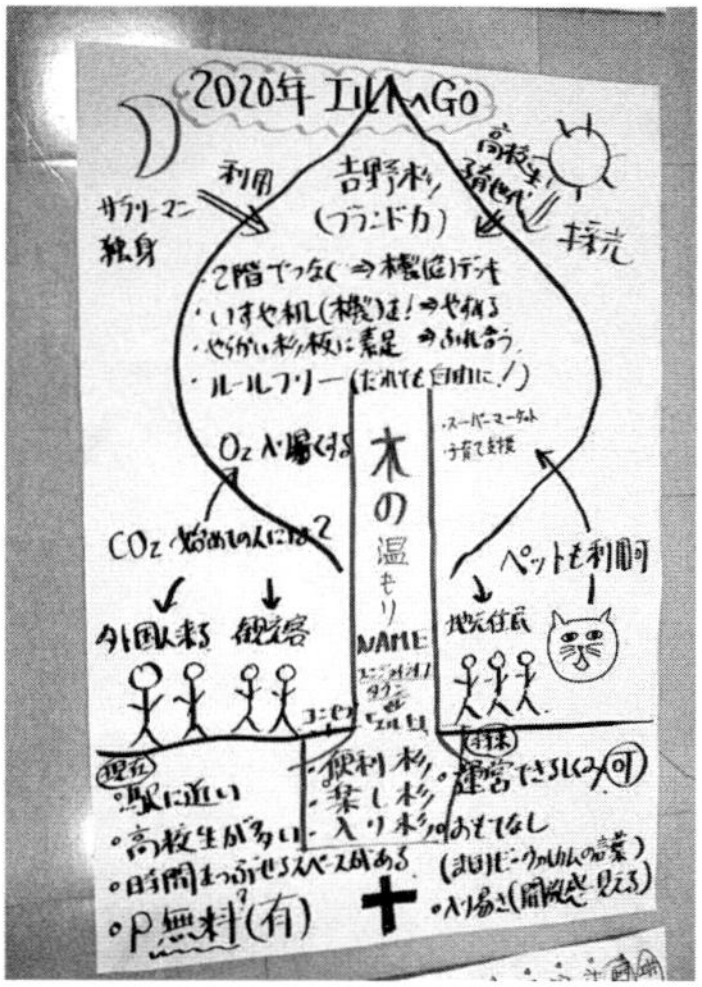

エルトの活用アイデア

最後の発表では、自分は何ができるかアクションを一人ずつ発表しました。それぞれが小さいけれど確実に踏み出す一歩を力強く語ってくれました。参加者一人ひとりの想いがつながり、共有のビジョンとしてつくられたことは、桜井本町通および桜井駅周辺の活性化に向けてそのプロ

セスと結果に大きな影響を与えると確信しています。
上記の成果は、後日、桜井市長に伝えられました。

桜井市市役所内で開催されたワールド・カフェ

ご紹介した全3弾からなる「桜井駅南口エリア（周辺）の将来ビジョン構築ワークショップ」は、まちづくりメンバーを中心に進めましたが、実現性を高めていくためには本格的に行政を巻き込んでいくことが不可欠でした。そして、桜井市本町通・周辺まちづくり協議会の働きかけが奏功し、桜井市役所の各部署の行政コアメンバーと、副市長を座長とする桜井駅南口エリアまちづくり検討会が２０１４年7月18日からスタートし、２０１６年6月まで全8回開催しました。

２０１４年7月18日に開催された初回の検討会には、桜井市役所からは、副市長をはじめ、部長から課長まで12名のほか、奈良県庁から2名、桜井本町通・周辺まちづくり協議会から5名、事務局として岡本さんが参加し、官民合わせて25名になりました。自己紹介から始まり、検討会の設置に至る経緯および南口エリアの現状と課題、本年度の取り組みの共有が行われた後、「２０２０年桜井駅南口エリアのありたい姿」について、ワールド・カフェ形式での話し合いが行われました。

協議会主催の全3弾からなる「桜井駅南口エリア将来ビジョン構築ワークショップ」が２０１４年12月に終了後、役所内では上記検討会とは別に、将来ビジョン作成部会が２０１５年３月と４月に２回開かれました。

３月17日に行われた第1回部会ミーティングでは、将来ビジョンの骨格イメージ、ビジョン部会で決めることなど、本日の取り組み確認が行われた後で、「桜井駅南口エリア将来ビジョン」について、行政と協議会メンバーからなる全参加者が一体になってワールド・カフェを用いた話し合いの場が持たれました。

２回目のミーティングが４月30日に開催され、将来ビジョンの確認、および、公的資源、民間資源、景観資源の３つの資源ごとに部会が設立されることになりました。

市役所内でのワールド・カフェ

ワールド・カフェが果たした役割

今までご紹介したビジョン構築ワークショップと検討会、将来ビジョン作成部会の成果は、桜井市のビジョンと基本構想に反映され、2015年に完成しました。これらの場でワールド・カフェが果たした役割を岡本さんは、以下のように感じ考えています。

「どのワークショップでも、所属、年次、年齢、価値観が違う人たちが、対等な立場で話し合う場をつくることにワールド・カフェは貢献しました。そのことで参加した一人ひとりの意見が話し合いの場にもたらされました。誰もが力を合わせてビジョンの創造に関与し、貢献したと実感していました。普通なかなかないことですが、役所の職員が市民と対等な立場で力を合わせて将来ビジョンを考えることができました。ワールド・カフェを用いた対話の力によって桜井市の未来の希望が生み出された瞬間を生み出すことができました。」

岡本さんは、ワールド・カフェを含むホールシステム・アプローチに対話手法がまちづくりに有効である理由は、DIALOG の頭文字に象徴させると、6つの特質があると考えています。

D：Diversity　多様性、I：Inovation　革新性、A：Agile　俊敏さ、L：Love　愛と思いやり、O：Opportunity 場づくり、G：Gratitude　感謝

上記の6つの特質のおかげで、ビジョン構築のワークショップのプロセスにおいて以下のように効果的かつ創造的に進行できたと実感しています。

・ワークショップ冒頭で参加者を巻き込むことができた
・論理的、構成的に進行できた
・参加者一人ひとりの感情、感覚を大切にしながらイメージを共有してワークショップを進めることができた

結果として参加者にとって納得感の高い話し合いを生み出し、達成感を感じてもらうことができると共に独創的なアイデアや実現に立ち向かうエネルギーが生まれました。

さらに、ワールド・カフェなど対話を継続的に続けることで、こんなことをやりましょうよと言ってくる、本気でプロジェクトを推進してくる人が出てくることにつながったのが、きわめて重要なことであると感じています。

まちづくりやコミュニティづくりを外部コンサルタントに丸投げした場合は関わる人は、受動的になってしまいがちです。

岡本さんは、人が育ってくることがまちづくりでは一番重要なことであると感じています。その地域の方々の内発力を引き出して自律的にまちづくりに取り組んでいく時、ワールド・カフェ

は、人が育つ土壌づくりに役立っていると確信しています。

生まれてきた活動

岡本さんは、まちづくりでは、人がどれだけ熱意を持って関わってくるかが大切であると考えるようになりました。そのためには、情熱や思いが育ってくる場が必要であると考え、上記のような場づくりで会話を重ねてきました。

結果として、ビジョンを実現する様々な活動などが生まれてきています。例えば、まちづくり事業の一環として動いている、空き家利活用プロジェクト、エルト駅前プロジェクト、景観まちづくりプロジェクトの他に、子育て支援、福祉健康づくり、体験ツアーなど継続的な活動が行われています。

本書では、上記の活動の中で「空き家利活用プロジェクト」を取り上げたいと思います。

前述のように桜井駅南口エリアでは、２０１４年7月〜２０１６年6月、桜井市副市長を座長とする官民プラットフォームにて検討会議を重ね、将来ビジョンとしてまとめた提言書が、桜井市長に手渡されました。

その将来ビジョンの実現を目指し、以下のようなプロジェクトを具体化する実行部隊として

2016年6月に、桜井まちづくり株式会社が設立されました。さらに、同まちづくり会社は同年9月に桜井市より都市再生推進法人の指定を受けました。地域の価値を維持、向上させることを目的に、地域資源を有効活用し、経済効果が生まれるまちづくりを実践するエリアマネジメント事業（以下、A、B、C）を具体的に展開していくことになりました。

なかでも、旧伊勢街道沿いに東西に連なる本町通を空き家利活用重点エリアにして、空き家、空き店舗の改修により、まち並み景観を揃えると共に、周辺住民のアンケートやビジョンづくりの過程で出たアイデアをもとに3つのプロジェクトがスタートしています。前述のワールド・カフェに参加した人は、以下のA、B、Cの3つのプロジェクトに官民それぞれの立場で何らかの形で関わり、ビジョンの実

櫻町珈琲店改装前

現に向けて協働しています。

A　居場所カフェ（旧井田青果店）

昭和建築の青果店跡を改修した町家風のコミュニティカフェです。

地域の高齢者、子育て中の親、高校生、サラリーマン向けです。モーニングを中心としたカフェやランチ、高校生向けのテイクアウト品などの提供を計画して、２０１７年４月に「櫻町珈琲店」として開業しました。

運営は近所にお住まいの珈琲歴20年の夫婦に担っていただき、地元焙煎豆を光サイフォンで点てたコーヒーが特選です。朝7時半から夜7時までオープン。朝は、年配の方が多くやってきて、その後は、こどもを学校へ送り出した後のお母さんのおしゃべりの時間となっています。ランチは限定15食ですが、

櫻町珈琲店改装後正面外観

予約がないと食べられないほど人気です。15時以降は、高校生たちがワッフル目当てに現れます。櫻町珈琲店は、コミュニティ・カフェとして、既に、近隣の方々、桜井市を初めて訪れた方、久しぶりに郷里の桜井市に戻った方々の対話と出会いの場になっています。

B　グランドレストラン（旧京都相互銀行跡）

大正ロマンと風格を感じる、大正時代の建築で木筋コンクリートれんが造りの旧相互銀行支店を改修し、グランドレストランにするプロジェクトです。国内外の観光客の他、地域の子育ての世代、催事での来訪者向けに、地元で採れた有機野菜を活かしたオーナーシェフのレストランにする予定です。

C　高級町宿（旧材木商邸宅）

旧材木商の茶室や蔵のある明治時代の邸宅を改修した高級町宿です。もと

グランドレストランの改築前の外観

もと庭園、茶室や蔵を備える格調高いお屋敷でした。

　大神神社、長谷寺、談山神社、安倍文珠院など近隣の観光を楽しむ来訪者の旅の拠点とし、国内、国外の観光客をおもてなしする町宿です。


　これらの3つのプロジェクトは第一歩です。これらを起点にして、空き店舗率20%からのまちづくりが始まります。

　上記のプロジェクトを進めていきながら、統一的なイメージや方向感を示す、この街のコンセプトをコアメンバーで対話を重ね、ワイワイ話しながら決めました。それは以下の通りです。

町宿の改築前の外観

「時空《とき》の交差点――日本発祥の地、そして未来へ」

日本発祥から、そして未来へ。時を積み上げた、各時代のシーンが残る街。古来はヤマト朝廷に遡り、江戸、明治、大正、昭和、平成まで。聖徳太子も歩いた横大路、そしてお伊勢参りで賑わった伊勢街道沿いに、宿場、魚市場、商店街、寺院、路地長屋、銀行跡、駅前一番街、ボーリング場跡、寿司屋など。東へ足を延ばすと茶臼山古墳も。

どこか懐かしい、原点に触れる街並み。北に大神神社、南に談山神社、東に長谷寺、西に安倍文珠院を抱き、東西南北四方からの霊気を受け、育まれた街。

吉野山系からの豊かな水、自然の空気に包まれた癒しの街。

そこにいるだけで、ホッと落ち着き、スピリチュアルな雰囲気を醸し出す街。

茶室と庭園のある旧材木商邸宅を町宿に、大正レトロ溢れる旧銀行をレストランに、宿場を思い起こす町屋をカフェに、明治からの愛宕長屋をクラフト工房に。重ねてきた時空の長さと同じだけ、遠い未来を見晴らしたい。

現在、桜井駅南口エリアは、まちづくりの動きに連動して若者のスタンドバーやワッフル屋などを個人で開業する人が出てきており、活性化に向けて変化し始めています。

さらに桜井まちづくり株式会社では、地域まちづくりビジョンである「時の交差点」を進めるためにも、上記のA、B、Cに続く、空き家、空き店舗を活用したプロジェクトを数ヶ所、検討し始めています。また、店舗を出したいと尋ねにこられる個人も現れています。

この事例から学ぶこと

行政と市民の協働をワールド・カフェを用いて効果的に実践している事例になっています。ビジョンを描き、自分ができるアクションを宣言さ

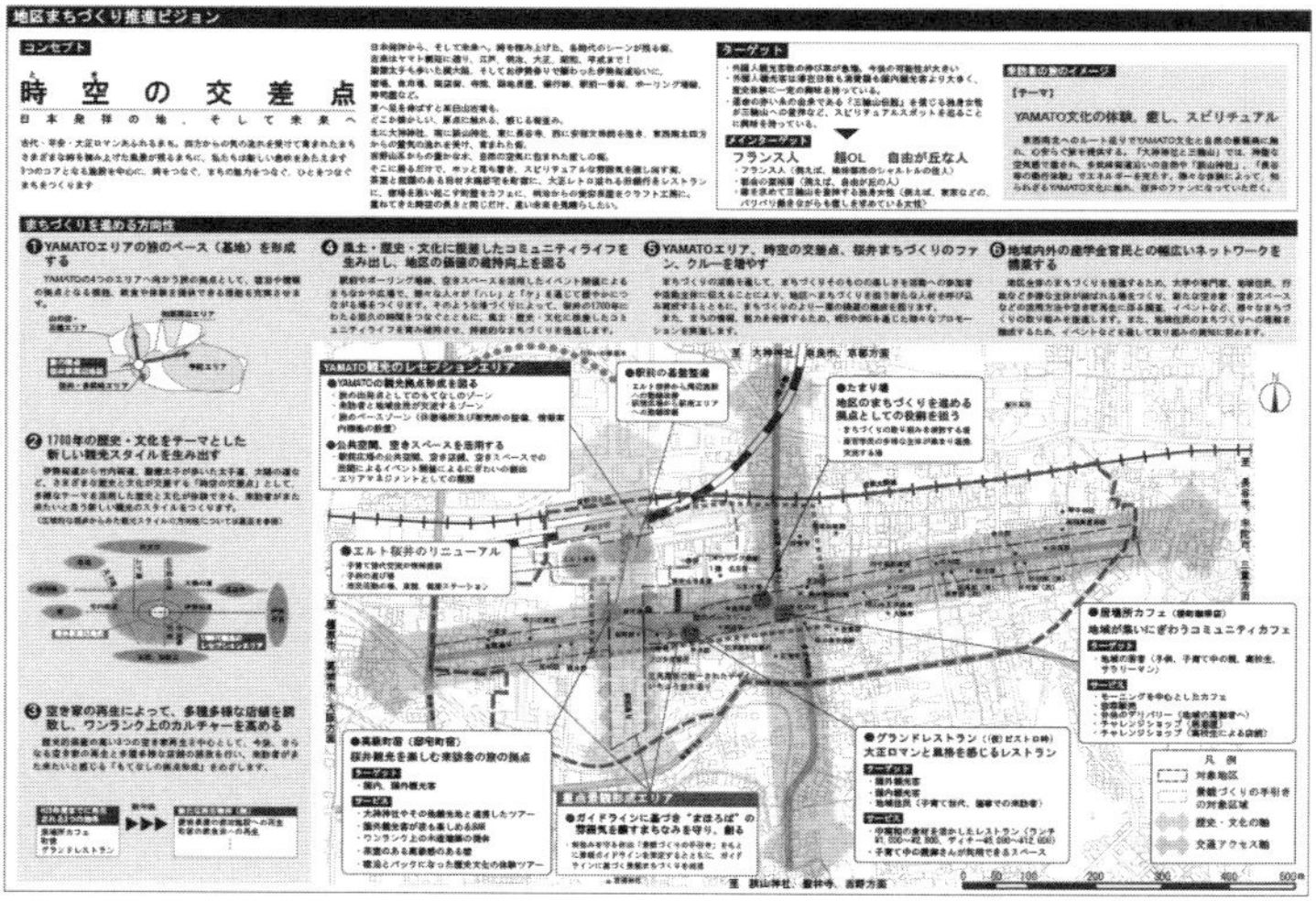

せるプロセスを入れるなど、各ワークショップの全体設計が効果的です。

桜井市のコンセプトである「時空《とき》の交差点――日本発祥の地、そして未来へ」が、大神神社、談山神社、長谷寺、安倍文珠院などの歴史的建造物などと合わせて、日本中および海外にも伝われば、一層多くの観光客が日本中、世界中から桜井市を訪れてくれると思います。

そのためにも、桜井市ならではのイベント、桜井市の若者と外部の方々も参加して楽しめるイベントを企画し、その中で再度、ワールド・カフェやOSTを用いてワークショップを開催することを期待します。著者たちも少なからず、応援したいと思います。

case 2

毎月開催！ 市役所職員が未来をつくる「しおラボ」

塩尻市役所

開催までの経緯

塩尻市は、人口6万7千人で、市役所職員約560人の比較的小規模な自治体です。松本盆地の南端、長野県のほぼ中央に位置します。自然が豊かな環境を活かして、レタスを中心とした野菜、また、ブドウ、リンゴ、ナシなどの果樹が栽培されています。その中でもブドウを原料とするワイン醸造は、地場産業として脚光を浴びています。

近年、地方自治体での新規採用職員は、高い募集倍率を潜り抜けて採用された優秀な職員が多くなっていますが、熱い思いを持って入庁するも毎日の定型業務に追われ、本来やりたかった仕事や企画をできずに数年で熱い想いが消えてしまう職員が少なくありません。市職員全体でみても、地方自治体の現状や将来に不安を持ちつつも、日々の仕事に追われていることを理由に行動を先送りしがちでした。そんな中、団塊の世代が大量退職を迎え、若手に対する人材育成が求められるようになってきました。

そこで、2011年1月から塩尻市役所若手職員有志で「しおラボ」というワールド・カフェを用いた自主勉強会（意見交換会）を毎月1回開催することにしました。何か変わらなくてはいけないと感じている若手職員の意欲を引き出すために他のメンバーと一緒に「しおラボ」を考え出したのが、現在、塩尻市役所企画施策部地方創生推進課シティプロモーション係の山田崇さんでした。2011年から約6年間、計80回以上、継続してきました（2017年8月31日現在）。

目的とプロセス

2011年1月から「50年後の塩尻市が豊かであるために」を主要テーマとして、そのために職員は何をするべきかを対話し、行動に移すことを目的にした勉強会「しおラボ」を開催することになりました。自治体の組織力の強化や地域力を向上させ、地域課題を解決できるような人材を育成していくことが成果として求められていました。

市役所の若手・中堅職員の有志が配属先の壁を飛び越え集い、毎回ゲストに若手職員の所属長

（部長など）や時には、市長や副市長も招き、意見交換が行われました。「しおラボ」での意見交換は、ワールド・カフェ形式で行うことで職員同士が積極的に参加しやすくなるようにしました。ゲストにもワールド・カフェを用いた対話の場に参加してもらいました。

「しおラボ」には「グチは言わない」「単なる批判はしない」というルールがありました。自主研究会や勉強会を開く自治体職員は少なくありませんが、単なる批評家的な発言が多くなったり、派閥ができてしまうことも往々にしてあったからです。

また、「しおラボ」では、各回とも最後に「明日から自らが取り組む課題を1人15秒で参加者全員の前で宣言する」ことにしていました。これは、頭でっかちになることなく、行動に移すことを大切にしていくためと、プレゼン能力を向上させることが

ワールド・カフェの様子

目的でした。

「しおラボ」は毎回、だいたい以下のスケジュールで行われてきました。

18：00　導入
18：10　ゲストのプレゼンテーション
18：40　ワールド・カフェの話し合いのルール説明
18：50　ワールド・カフェ　スタート！　20分から30分×3回
19：35　参加者一人ひとりの明日からの行動宣言
20：00　終了

全70回開催されたワールド・カフェのテーマとゲストは、以下の通りでした。1回平均16人ぐらいの参加がありました。

2011年に開催されたワールド・カフェのすべての回と2012年の一部を表に掲載します（現在も進行中）。

第1回～第16回ワールド・カフェ「しおラボ」の内容

開催日	テーマ	ゲスト
1月27日	みんなで集まったら何ができるの	副市長
2月24日	どうして勉強が必要なの	市民交流センター長
3月24日	何をどのように勉強するの（プレゼンテーション能力）	
4月28日	政策立案から「行動」「実体験」へ	
5月26日	震災から3ヶ月　いま私たちにできること	被災地派遣職員（陸前高田市）
6月23日	震災から4ヶ月　いま私たちにできること	被災地派遣職員（郡山市）
7月28日	エネルギー問題を考える	環境事業部長
8月25日	50年後の塩尻市が豊かなために「農業再生を考える」	経済事業部長
9月5日	人の幸せ　我が幸せプロジェクト	松本政経塾
9月22日	私の職場自慢（プレゼン大会）	東京財団週末学校　参加職員
10月27日	50年後の塩尻市が豊かなために「教育再生を考える」	教育長
11月24日	住民の声を市政に反映するために	市議会議員　議会基本条例推進委員長

12月22日	市長講話　理想の職員像・行政マン	塩尻市長
1月26日	副市長講話　塩尻市の未来はどうあるべきか	副市長
2月23日	図書館からはじまる、まちづくり	図書館長
3月8日	2050年の塩尻の未来をつくる職員像とは	市民交流センター長・新規採用職員

2011年1月27日に「しおラボ」の第1回目が開催されました。ゲストは米窪健一朗副市長でした。堅苦しいものでなくリラックスした雰囲気の中で「みんなで集まったら何ができるの」をテーマにワールド・カフェ方式を用いて、副市長にも一参加者としてまじってもらうことにしていました。

翌年2012年3月22日、50年後の塩尻市が豊かになることを目的に「魅力ある商店街を考える」というテーマで行われた17回目のワールド・カフェは、初めて市役所の外で開催しました。最初にゲストからのショートプレゼンテーションが行われました。

その後で、「魅力ある商店街をつくるために、私たち市役所職員は何をしなければならないか」という問いで1ラウンド30分、3ラウンドのワールド・カフェを用いた話し合いが行われました。

終了後、1人15秒で「明日から私がしたいこと、できること」をスピーチしました。

この17回目のワールド・カフェから、後述する「空き家から始まる商店街の賑わい創出プロジェクトnanoda」が生まれました。

ワールド・カフェが果たした役割

「しおラボ」の目的が「50年後の塩尻市が豊かであるために」を主要テーマとし、そのために職員は何をするべきかを対話し、行動に移すことでしたので、ワールド・カフェは大きな役割を果たしたことになります。

また、塩尻市役所の職員が、自分のビジョンを語り、参加者が大切にしているものを共有することができました。そうして未来のプロジェクトを描くことができたと山田さんは考えています。市役所内で肩書きや年齢の隔てなく自分の思いや考えを口に出して伝えることを繰り返したことで、行動宣言もできるほど参加者の主体性が高まってきました。

さらに、勉強会を継続的に開催することで、若手職員が自らのキャリアデザインができ、仕事へのモチベーションを向上させることにつながりました。また、退職間近のベテラン職員から若手職員へ、想いやこれまでの経験・知識を継承する場としても活かされています。

生まれてきた活動

前述した第17回「しおラボ」から生まれた「空き家から始まる商店街の賑わい創出プロジェクトnanoda」は、2012年4月15日に、塩尻市中心市街地である大門商店街でスタートしました。大門商店街は、街道沿いにあり、かつてはにぎわっていた中心市街地でしたが、2012年当時では空き店舗率21・3％のシャッター街になっています。

現在7名（2名が塩尻市役所職員、他2名が塩尻市民、1名が松本市役所職員、2名が市外在住）がnanodaのコアチームメンバーとなり、SNSで連絡を取りながら、活動ごとにミーティングを行っています。

ほとんどのメンバーは、商店街に住んだ経験も、商売した経験もなかったので、商店街の課題や商店街の方々の気持ちがわかるとは思えませんでした。役所の会議室で議論していても何の解決にもならないので、「まずは自分たちが商店街に身を置いて、商いをしないと課題を解決できない」と山田さんは考え、まずは1件、商店街の空き家を借りてみようということになりました。このように、やってみないとわからないという想いからnanodaは始まりました。

そこで、まずは、小さくやってみることにしました。具体的には、大門商店街の空き家を、月

1万1千円で家主から借り受け、家賃や光熱水費、修繕費、活動費などを、塩尻市役所職員の有志を中心としたメンバーが1人月千円払うという方法で、共同運営をすることにしました。まずは、3ヶ月間だけ借りて、出勤前の1時間だけ開けることでスタートしました。ここを拠点に、nanodaのメンバーたちが人と人、人と地域をつなぐ企画を展開しています。

このスペースの名前をプロジェクト名と同じ名前である「nanoda」と名づけました。nanodaと名付けたのは、建物に属性を持たせず、何かやりたい、行動したい人が何でもできるようにしたかったからです。商店街の賑わいを創出すべく、テーマごとに「○○なのだ」と銘うち、メンバーは協力して、様々なイベントを実施しています。主要なイベントは「朝食なのだ」「ワインなのだ」「空き家をお掃除

nanodaの活動のために借りている空き家の外観

なのだ」の3つの企画です。

山田さんたちメンバーが築60年の空き店舗のシャッターを開けていると、商店街の人たちがメンバーに声をかけてくれるようになりました。そこで、週末、朝ご飯を一緒に食べることから、「朝食なのだ」が始まりました。モーニングをやる店がない商店街の一角に、若者からお年寄り、子連れのお母さんまで参加してくれる場ができました。

「ワインなのだ」は日本ソムリエ協会が定めた毎月20日の「ワインの日」にnanodaに集まることで始まりました。nanodaに好きなワインを持ち込み可能にして、塩尻の名産品である塩尻ワインを飲む機会を設けています。メンバーが調べてみると、長野県のワインの消費量は全国5位で、長野県の成人が毎月、あと23㎖多く飲むと3位になることもわかりました。そこで、「ワインなのだ」は塩尻ワイ

nanodaで開催されたイベントの様子

ンの消費量を上げて、商店街にワインを楽しむ場をつくることを目指すことにしました。

「お掃除なのだ」では、商店街の空き家をメンバーが集まって掃除させてもらい、その後、その建物の大家さんと食事会をしながら、①昔はどうだったのか？　②どうして閉めることになったのか？　③きれいになった空き家をどうしたいか？　という3点についてお話を聞くことにしました。「お掃除なのだ」に参加することで、借りたいと思っている人は掃除に参加して建物の内側の様子がわかり、大家さんと関係を持つことができました。

このように、nanodaの活動を続けることで、山田さんたちはイベントなど様々な活動を行い、地域の人々と出会い、学びながら、商店街の賑わいづくりに貢献しています。さらに、その場所が中心となって、地域住民や地域外の若者など興味・関心に惹かれた多様な人が集まる場となり、プロジェクトが生まれたり、ビジネスが生まれたり、移住者にもつながる展開が生まれる可能性が生まれてきました。

活動するにつれて、nanodaというネーミングはかなり使い勝手が良いことがわかってきました。アルファベットの字面にはおしゃれ感がありつつ日本語として聞くと脱力感が漂います。nanodaは拠点の名前であり、イベント名としても使えます。ゆるーい雰囲気のお陰で、いろんな人が入ってきやすい場にすることができました。

nanodaは1人でなく他の職員や市民と一緒に活動しています。ワールド・カフェから始めたおかげで、誰かと一緒に動くことができるようになりました。nanodaを始めてから、「自治体職員が変われば、地域は絶対に変わる。自治体職員は地域の人から期待されている」ことを実感するようになりました。

商店街の地域住民との関係性に二極化が生じていることも気づきました。nanodaは理解ある大家さんやたくさんの地域住民から賛同を得て活動していますが、その取り組みに無関心な人や、活動を知らない人も多くいます。そこで、nanodaを地域の人々が活動スペースとして活用してもらったり、「しおラボ」を市民と対話ができる開かれた勉強会にしていく努力を積み重ねた結果、市民も参加できる機会が増えてきました。

この事例から学ぶこと

自由に発言することが難しいとされている自治体の中で、グランドルールをつくり、安全な場を確保して、自治体職員が部門を超えて集まり、若手の問題意識や意欲を引き出す場をつくったことは、素晴らしいと思います。

塩尻市内の空き家を活動の拠点として、nanodaというコンセプトでアイデアを創発し、チャレンジして試行錯誤ができるようになったのは大きな強みです。そのため、市外の方や、移住者、若者も協働と活躍の場を得ています。

自治体職員が住民とフラットな関係で街づくりを進めていく一つのモデルケースになると思います。nanodaでの継続的探求と実践を続けていくことを大いに期待しています。

case 3

「シゴト軸」のコミュニティづくり

非営利型株式会社 Polaris（調布市）

開催までの経緯

現在、非営利型株式会社 Polaris で取締役ファウンダーを務める市川望美さんは、２００８年ごろまでは、理事や事務局として活動に参画していた子育て支援のＮＰＯの活動を通して、いろんなグループワークやディスカッションに参加しました。それらは、多世代で地域の課題を一緒に考えたり、新しいつながりを生むための場にはなっていましたが、それぞれの活動をうまくつなげることができないので、せっかくの多様性を活かしきることができないと感じるようになりました。

そこで、市川さんは、もっと対等に、自由な発想で対話を重ねる何かいい方法はないものかとネットで検索をしていた時に、ワールド・カフェという言葉に出会いました。書籍『ワールド・

カフェをやろう』（日本経済新聞出版社）ほか、参考となりそうな資料を購入し、ワールド・カフェの企画と進行について学びました。実際に、文部科学省の受託事業で女子学生向けのライフプランニング支援の講座の中で、ワールド・カフェを開催しました。女子学生と社会人メンターという立場が異なる人たちが約7ヶ月、全10回の講座の中でお互いが知り合っていく過程の中で、ワールド・カフェでの対話がとてもフレンドリーであたたかな場をつくることができました。この経験でワールド・カフェという話し合いの手法の可能性を大きく実感しました。

その後、地域の子育て支援から「働き方」に軸足を移し、２０１２年に非営利型株式会社Polarisを山本弥和さん、大槻昌美さん（現代表取締役）と設立しました。Polarisは、ライフステージに合わせて、誰もが暮らし方や働き方を選べる社会にしたいという想いから立ち上げた会社です。現在は自分たちが当事者でもある「子育て中の女性たち」の多様な働き方を支援する仕組みづくりを行っています。

活動の中で、子育てしながらはたらくことは、時間や場所の制約が多く、意欲も能力もありながら、はたらくことがかなわない人が地域にたくさんいることがわかりました。そこで、既存の仕組みに合わせるのではなく、自分たちが望む、もっと多様で柔軟な働き方を実現する仕組みをつくることができれば、そんな人たちも社会の中でもっと力を発揮できると考えました。

そこで、Polarisに「セタガヤ庶務部」というチームをつくり、希望すればだれでも参画できるワークシェアを始めました。クラウドをベースとした働き方なので、時間や場所に制約があっても自分が望むワークスタイル、ライフスタイルを選び、いつからでも始められます。チームで仕事をすることがきっかけになり、お互いを知り合うことができたり、仕事を越えて関わり合える場となっています。」Polarisは、暮らしも仕事も同じように大切にしたい人たちが、仕事をきっかけに集まり、多様な人たちがチームになって業務を推進していくコミュニティを「シゴト軸のコミュニティ」と表現しています。仕事を中心としながら、ゆるやかにお互いの経験や悩みを持ち寄ることでコミュニティを形成していきます。

別の言い方をすれば、その「シゴト軸のコミュニティ」をつくるための方法論として、「セタガヤ庶務部」がある、とも言えます。

Polarisが事業者から受けたお仕事を、セタガヤ庶務部登録メンバー（基本業務委託契約書と機密保持契約を結んでいる人たち）が参加するFacebookグループに仕様書と共に投稿し、やりたい人が手を挙げ、その都度チームを立ち上げながらみんなでワークシェアしています。案件の規模によって、単発のチームであったり、継続的なチームであったり、プロジェクト型のチームであったりしますが、「育児中の女性たちの暮らし」に配慮した運営、例えば、こどもが熱を出したときにお互いカバーしやすいように業務を小さく切り分けたり、「それはよくあることだし、こどもが熱を出さないなんてありえないから、おたがいカバーしあおうね」というスタンスを基本にしています。このように業務マネジメントでも育児中の女性たちが参画しやすい形をとっています。

また、「小さく切り分けた仕事」は参画しやすいけれど、経験値が大きくならないという課題もはらんでいます。何かの時にパッと手を離せるということは、代わりがきくということであったり、経験を積み重ねていくとか、大きな仕事から学ぶというようなことがしにくくなってしまいます。そこを乗り越えるために「みんなの経験値を持ち寄る」ということをしています。ここがPolarisでは「シゴト軸のコミュニティ」を「学びあいのコミュニティ」「持ち寄り型のコミュニティ」と呼ぶ理由でもあります。

Polarisは、多様な人が対等につながり、地域を越えて自由に参加できる「シゴト軸のコミュニティ」を全国に広げていきたいと思っています。

そこで、多様で柔軟な働き方へのニーズに自ら気がつき、行動を起こすためにどのようなきっかけがあればいいのか模索しました。そのきっかけづくりには多様な人たちと出会い、リラックスしながら話す場が一番ふさわしいと考えて、ワールドカフェスタイルを取り入れた対話の場づくりを始めました。その場が、〝こどものいる暮らしの中で「はたらく」ということを考える座談会〟です。このワールド・カフェは、Polaris創設初期、2012年頃から50回以上開催しています（2017年6月末時点）。

目的

この〝こどものいる暮らしの中で「はたらく」ということを考える座談会〟は「子どもがいる暮らし」の中で「はたらく」ということに興味がある人ならだれでも参加できるものになっています。「こどものいる暮らしの中ではたらく」という選択をしたらどのようなことが起こりうるのか、どう乗り越えていけるのかということを、後述の3つの問いを通して話し合い、他の参加者の考えを聞きながら、一人ひとりが考えを深めていきます。「はたらく上での子育てによる課題」を主題としながら、社会全体でどう解決できるか、視点を持ち寄って考えていきます。

市川さんは、一つの答えを出すのではなく、「心地よく暮らし、働きたい」という一つの大きなテーマを共有し、多様な答えが共存できる方法をワールド・カフェを通して考えていくことにしました。さらに、環境や制約条件を前提とした働き方ではなく、一度条件を取り払い、まっさらな状態で改めて自分の人生を考えることで、暮らし方・働き方を「選ばされる」のではなく、「主体的に選ぶ」という文化をつくることを目指すことにしました。

問いとプロセス

参加メンバーの多くは子育てを中心に生活している女性です。働き方に悩むワーキングマザーや、結婚はしているけれど、こどもはこれからという女性も多く参加しています。また、学生や研究者、自分のパートナーの悩みを理解したいという男性や、夫婦で一緒に考えたいとそろって参加する方もいます。

市川さんたちがワールド・カフェをする時は、まずウォーミングアップとして自己紹介をします。この時は、参加者に所属や肩書きをあかさないようにお願いしています。何故なら「1人の人」としてフラットに参加して欲しいからです。普段あまり出会わないようなメンバーで実施する場合は、緊張をほぐすためのアイスブレイクや、課題意識を揃えるた

ワールド・カフェの様子

めにトークセッションを行うこともありますが、メインはワールド・カフェによる対話です。

また、初めてワールド・カフェに参加する人たちのためにも、毎回「お作法」として、場の運営ルール説明も行っています。

問いは、以下の3つを毎回使うことにしています。社会、私、社会と私たちというように、視点を変えていけるような設定です。

問1　今の日本社会で、『こどもを育てながらはたらく』ことは、どんな問題がありますか？

問2　実際に自分が『こどもがいる暮らしの中ではたらく』上で問題やネックになること、不安に思うことはありますか？　どんなことが考えられますか？

〈場の運営ルール〉

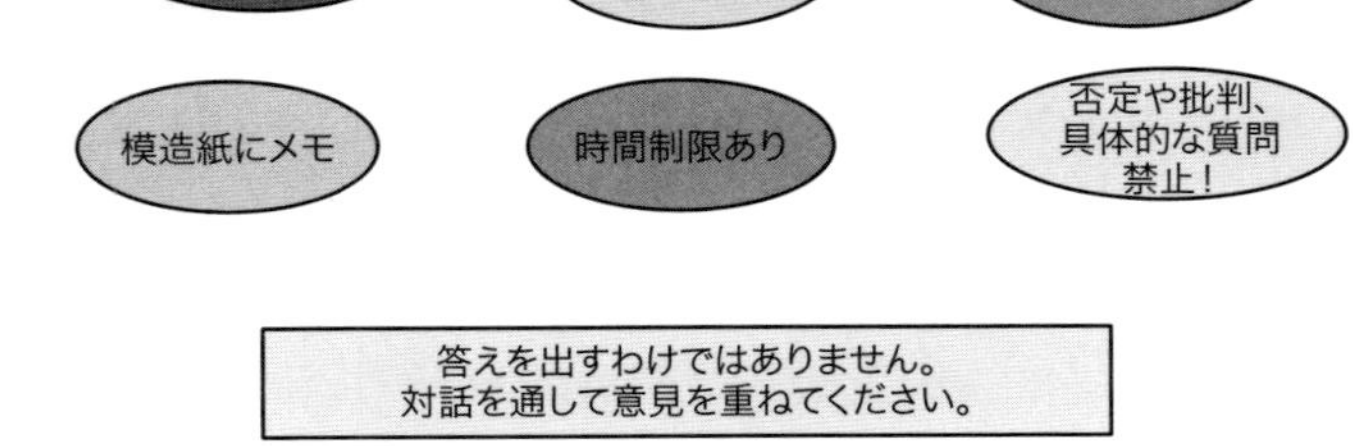

問3　今までの課題を元に「何をすれば」「何があれば」『こどもがいる暮らしの中でここちよくはたらくこと』ができるようになると思いますか？そのために自分ができることは何ですか？

3ラウンドの話し合い終了後、全体シェアの時間を設け、それぞれが心に残ったキーワードを3つあげてもらいます。その時に浮かんだ想いを日々の行動につなげていくために「自分自身への約束」として図のように発表してもらっています。

こどものいる暮らしの中で「はたらく」を考える座談会

【今日のキーワードを３つ】

【未来への約束】

家族が幸せなはたらき方にために、あなたはこれから何をしますか？

◎いつから？

◎具体的に何を？（例）何を？だれと？どうやって？いつ頃までに？どの程度？

【非営型株式会社Polaris】

成果と効果、感想

市川さんたちは、ワールド・カフェを実施してみて、普段やり過ごしている感情や、役割意識から押し殺している感情を「どうしてそう思うのですか？」と、純粋に質問してもらうことで、思い込みや根っこにある本意に気がつけることは多いことに気づきました。

また、生活スタイルが似ている「主婦」だけで対話をしたとしても、多様性が引き出せると思っています。ワールド・カフェが持つ、「オープンでリラックスした雰囲気や、それぞれが自由に発言できる」という場の力を借りることで、普段言葉にしないようなことを言うことができたり、お互いの発言がいい刺激となり、新しい自分を発見することも多いからです。何年も付き合っている友人と参加しても、こんな話をしたのは初めて、ということがよくありました。日常生活においては、親しい友人であっても踏み込んだ会話をすることを避ける傾向にある女性たちが、ワールド・カフェだから吐露できる気持ちもあるからです。

さらに、何度も参加することで徐々に自分の気持ちを正直に伝えられるようになり、その方が自分にとって居心地がいいと感じられて普段の生活においてものびのびと発言できるようになったという声も聞かれました。毎回同じ内容で実施しても、参加する人が違えば対話の流れも変わりますし、毎回自分に響くテーマが違う、それが面白い、という意見もありました。

どんな活動、コミュニティが生まれてきているか？

これまで述べてきたように、Polarisは、2016年からはNPO法人ちょうふ子育てネットワークが運営する子育てカフェ「aona」で〝こどものいる暮らしの中で「はたらく」ということを考える座談会〟を定期的に開催しています。NPO法人ちょうふ子育てネットワークは、調布市の子育て情報サイトである「コサイト」の運営も行っているNPO法人で、市内で子育てをする人たちから大変信頼されている団体です。「aona」に日常的に集まる人たちが形成しているコミュニティは「地域子育てコミュニティ」だと考えます。

子育てを応援するカフェの「aona」でPolarisの座談会を開催することで、はたらくことに一歩踏み出せない人たちが「子育てをしながらモヤモヤしながらでも仕事について一歩踏み出して考えていいんだよ」とお伝えすることができました。Polarisが提案する「シゴト軸のコミュニティ」とは、はたらくことを遠く感じてしまっている人たちが普段過ごしている地域コミュニティの中に「はたらく」という要素を入れていくことであり、「一緒にはたらく仲間たち」と「共に仕事をすることで」うまれていく新しいコミュニティです。

「aona」という子育てコミュニティに、「座談会」というコンテンツをPolarisが持ち込むことで、Polarisが運営する「シゴト軸のコミュニティ」が「地域子育てコミュニティ」に重なるきっかけとなり、子育てコミュニティに「はたらく」という軸を持ち込むことができたと思っていました。

毎回の座談会でお互いの経験のシェア、子育ての不安、悩みの体験の共有、さらに、働き方の選択肢を増やすことを話し合うことで、ワールド・カフェをきっかけとした「学習する地域コミュニティ」ができつつあると市川さんたちは感じています。

座談会に参加したことで参加者が得られるものは、大きく分けて以下の2つです。①いろいろな人の意見が聞ける、自分の思いも話せること、②その中から自分が望む暮らし方や働

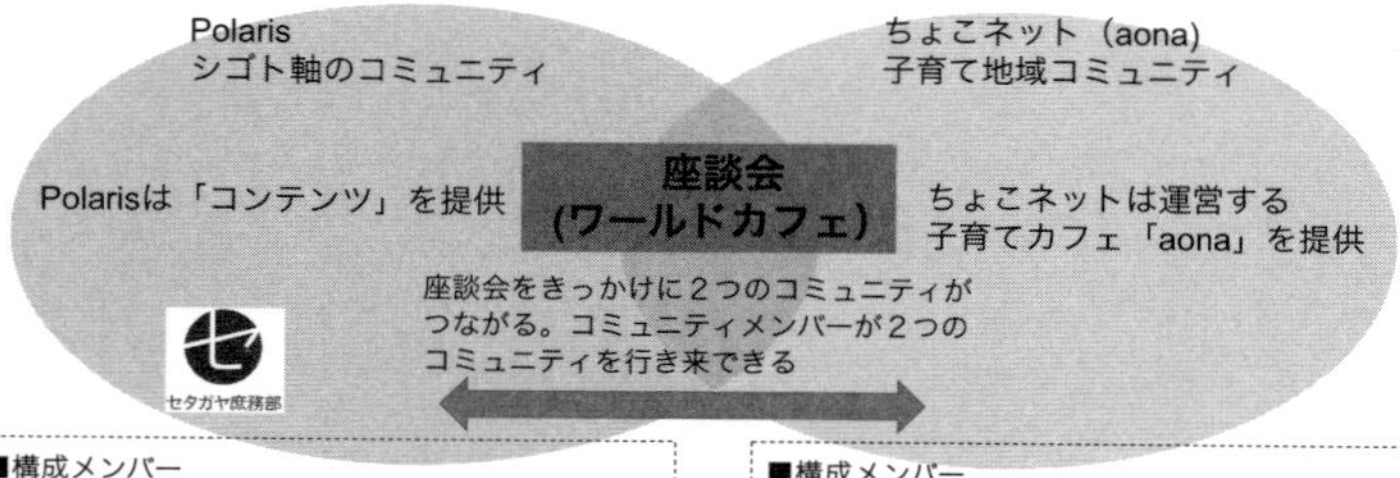

Polaris
シゴト軸のコミュニティ
ちょこネット（aona）
子育て地域コミュニティ
座談会
(ワールドカフェ)
Polarisは「コンテンツ」を提供
ちょこネットは運営する
子育てカフェ「aona」を提供
座談会をきっかけに2つのコミュニティが
つながる。コミュニティメンバーが2つの
コミュニティを行き来できる
セタガヤ庶務部

■構成メンバー
○子育てしながら働きたい方
→育児女性の制約に配慮した仕事のやり方だからこそ働くことをあきらめないですみ、自分のペースでライフステージに合わせて働ける
○柔軟に働きたい、暮らしを優先しながら働きたい方新しい働き方や価値の創造に興味がある方
（フリーランス思考）

★課題★
「仕事をする」ということのハードルが高く、潜在的な人材となっている人たちにリーチしにくい。働く手前にいる人たちへのアプローチが弱い。

■構成メンバー
○調布で子育てをしている人たち
（主に乳幼児期〜学童）
○子育て支援者

★課題★
子育中の人たちはこどもの年齢や月齢で固まってしまうので、出会う人に多様性がない。新しい発想が得にくい、同じ悩みでみんなで悩んでしまう。地域子育てコミュニティにおいて、いったん仕事を辞めた人たちが仕事について語る機会が少ない、支援の受け皿も「具体的な就労支援」となってしまうため、「働く手前にいる人たち」に有効な手立てが少ない

お互いの弱いところが、お互いの強みで補いあえる。両方のコミュニティに足場を持てることで、より安心して暮らし、働くことができる。
その直接的な協働の場が座談会

き方がわかってくること。

「aona」で座談会を開催することで、今までなかなか情報を届けることができなかった層の人たちが参加してくれるようになりましたし、それをきっかけにセタガヤ庶務部に登録する人も増えてきました。参加してよかったからと、友人に紹介してくれる人も増えてきています。また、「地域子育てコミュニティ」と「シゴト軸のコミュニティ」がつながり、2つのコミュニティ間を行き来する人たちによって新しいコミュニティが形成されてきています。

PolarisとNPO法人ちょうふ子育てネットワークは、同じ地域で活動する非営利型の組織ですが、いきなり事業で連携することは難しい面があります。ワールド・カフェというゆるやかな場だからこそ共有できる未来があると実感していますし、回を重ねていくことで信頼も深まってきました。「場」を共有することの大切さを感じています。

「aona」での座談会以外にも、ワールド・カフェを開催する機会が多くあります。例えば、「地方創生」といった流れの中で、地域の中に新たに働く場をつくろうとする取り組みが増えており、Polarisが講師として呼ばれることも増えていますが、そこでも必ず最初にワールド・カフェを開催しています。まず出会い、語り合い、視点を持ち寄って未来を描くために、ワールド・カフェという手法はとても有効だと考えています。フレンドリーな空気の中で対話をすることで、肩肘張らずにお互いを理解したり、アイデアを持ち寄る経験ができるからです。徳島県徳島市、福岡県糸島市、秋田県湯沢市、岡山県新見市、倉敷市など様々な地域で、この座談会を一つのきっかけとして新しい「シゴト軸のコミュニティ」が動き出しています。もちろん、地域で活動する事業者の力量や普段の活動があってのものですが、「みんなでシゴト軸のコミュニティをつくっていく」ための大きな推進力となっています。

〈シゴト軸のコミュニティ〉で実現していきたいこと

Polarisの方々は、多様性を前提とし、学びあい協力しあう文化を持つ「シゴト軸のコミュニティ」が広がっていけば、「共に仕事をすること、共に暮らすこと」を通して自然に新しい働き方や暮らし方が生まれていくと思っています。他者と出会い、多様な視点をすり合わせる対話には労力がいります。自分たちの手で、多様な選択肢をうみ出していくムーブメントになっていくことを願って、これからも座談会を全国で開催していく予定です。

〝こどものいる暮らしの中で「はたらく」ということを考える座談会〟に既に参加している人も、これから参加してくれる人も、今の暮らしを大切にしながら身近な地域ではたらきたい、仲間と出会いたいと思っている、地域に愛着を持っている人たちなのだと思います。そういう人たちが増えていけば、誰もが安心して暮らし、はたらくことができるまちになっていきますし、多様な人たちが多様な力を発揮できる良いまちになるとPolarisの方々は信じています。

この事例から学ぶこと

子育て中の女性がキャリアや仕事のことについて本音を語れる場をつくったことは秀逸です。

また、〈未来への約束〉のプロセスは、一人ひとりのコミットメントを高めることにつながります。

また、aonaのような地域子育てコミュニティと、Polarisの「セタガヤ庶務部」の活動を、ワールド・カフェという対話の場によってリンクして、日本社会の中で子育て中の女性がキャリア形成や仕事を継続できるシステムをつくりつつあることに大きな可能性を感じます。

将来、子育てを経験するであろう大学生などがキャリア形成と絡めて参加するなど、ワールド・カフェへの参加者の範囲が広がることが望ましいのではないかと考えます。

case 4

コスプレイベントで商店街活性化

チームこみぞー（宮代町）

開催までの経緯

当時、宮代町産業観光課では、商工業活性化、駅を中心とした市街地の活性化を目的として町内の全事業所と2千名の消費者にアンケート調査していました。そして、次のステップとして、その結果得られた課題を解決するために商工業者、住民が一緒に考え、共に何ができるかを考え、具体的な行動を起こすためにはどうしたら良いのか、という局面にありました。

宮代町産業観光課（当時）の栗原さんは、市民参加は欠かせない、しかし、それはどうやればいいのか、いつもの例でいいのか、と悩んでいました。「まちおこし」の事業を市民参加で企画・立案する場合、特定な組織や団体のメンバーに声をかけたりするのが常でした。しかし、その場合、いつもの人のいつもの意見で会議が終わってしまうのが常でした。話し合いはいきづまり、「無難な案」を実施するという結論になってしまいます。

広報誌やチラシで参加者を募ってチームを結成するという方法もありましたが、60代男性、自由業、定年退職者というように年齢層や性別が偏ってしまい、それもまた、いつもの人のいつもの話し合いが会議室の中で繰り広げられるのには、違いありませんでした。

意見の対立、同意、問題点、課題を克服して最終的な案が出てくる時には、参加者はもう皆、疲れ果てています。参加者が義務感やお付き合いで参加して、最後は行政の意に添うような内容の企画を消化するのに精一杯になってしまうことに疑問を感じていました。こうした企画に加わる市民が「やりたい」と思うことを、自らの意志で企画して、形にするにはどうしたら良いだろうと考えました。

こうしたことを解決するためには、明らかに今までのような会議室の中での話し合いではだめでした。また、話し合いの参加者を集める方法についても工夫が必要でした。そこで、栗原さんは商工業活性化事業の企画を立てるにあたっては、ワールド・カフェとＯＳＴ（オープンスペース・テクノロジー）を組み合わせたワークショップを開催してはどうだろうか、と考えました。

目的とプロセス

こうして、ワールド・カフェを用いて、第1回「歩きたくなるまちをつくろう！！宮代町商工業活性化を考えるワークショップ」が、2014年8月2日にコミュニティセンター進修館で開催されました。ワークショップの目的は、みんなから出たアイデアを、商工業者や住民が一緒になって、具体的な案としてまとめ、それを賛同者のみんなで行動に移す、そのスタートラインをつくることでした。

このワークショップの話し合いの中で、商工業者、住民が宮代町の現状を共有し、宮代町が「歩きたくなる、立ち止まりたくなる、また来たくなる、住みたくなるまち」になるために何か活動を起こしたい、力を合わせていきたいという気持ちが高まってくることを目指しました。

参加者は商工業者だけでなく、住民、町内にある日本工業大学の学生など、幅広い構成にしました。住民の参加者は、無作為にコンピューターで選んでワークショップの案内をして参加希望者を募る方式にし、年齢性別に片寄りがないようにしました。

最初に、ワークショップを行う前段での基礎知識として、「宮代町消費者動向調査」「宮代町商工業者実態調査」の報告が行われ、宮代町の商業者と消費者についての意識がどのようなものかの情報共有が行われました。

その後、50名ほどの参加者がテーブルごとに、5、6人に分かれて3ラウンドのワールド・カフェによる話し合いを行いました。話し合いの問いは「歩きたくなる、立ち止まりたくなる、また来たくなる、住みたくなるまち」でした。参加者約50人の構成は住民28人、学生2人、商工業者12人でした。最後に、アイデアは付箋紙で模造紙に貼られ参加者全員で共有されました。

その1週間後、第2回のワールド・カフェを用いたワークショップが「あなたのアイディア聞かせてください」というテーマで、前回と同じ会場で開催されました。参加者40人弱で、構成は、住民24人、学生4人、商工業者10人でした。

住民主体で取り組まれている全国の先進事例を紹介した後、前回同様、ワールド・カフェを用いて、

ワールド・カフェの様子

「商工業活性化、街のにぎわいづくりのためのあなたのアイデアを教えてください」という問いで最初の2ラウンドの話し合いを行いました。市街地と商店街の活性化のための事業のアイデアを出し合うことが目的でした。共有されたアイデアの中に、参加してみたいことが見つかり活動したいという気持ちが芽生えてくることが望まれていました。

この日のワークショップでは3ラウンド目は行わず、個人ワークで、2ラウンド話し合う中で各自が「ひらめいたアイデア」をアイデアプランとして記入してもらいました。さらに、テーブルごとに、記入されたアイデアを発表し、参加者全員で共有されました。

この作業は、OSTを用いた第3回目のワークショップにつなげることを意図したものでした。

2回のワールド・カフェを経て、その効果を栗原さんは実感できました。

・通常の会議方式だと、ダメな理由やできない原因などに終始してしまいがちですが、ここでは、相手の意見を否定しない、尊重する、一方的に話さないなどのルールがあるため、参加者がプラス思考で自由なアイデアを出すことができました。

また、テーブルを短時間にシャッフルするので、短い時間でたくさんの仲間づくりができ、たくさんの意見を共有できましたし、会場内で参加者同士のつながりができ、これが次のステップ（現実社会での具体的なアクション）への糸口となりました。

開催後の展開

2回目のワークショップの3週間後の8月30日に、第3回目がコミュニティセンター進修館大ホールで開催されました。参加者総数は40人弱でした。構成は、住民23人、学生5人、商工9人でした。

前2回のワールドカフェで、すでにたくさんのアイデアが共有され、参加者の中に「やりたい！」という意志が芽生えていました。最初は知らない同士でしたが、この時にはすでに参加者たちは「旧知の仲」になっていました。

こうしたこともあり、3回目のワークショップはスムーズにスタートしました。アイデアを実現したい、仲間を集めたい、という方が提案者となって、時間内に賛同者とアイデアを練り上げるためにOSTを用いてワークショップが行われました。

OSTを用いたワークショップ開催後も、引き続きチームとしてアイデアを具体化した事業は次の4つです。

1　マルシェを定期的に開催する
　進修館の広場を会場にオシャレな市を開催し、町内外に宮代町を発信しよう

2　コスプレイヤーがいつでも楽しい宮代町
コスプレイヤーをターゲットにまちなかのにぎわいをつくり出そう
3　日工大生寄り道マップづくり
5千人の大学、教職員を学生街に引き込むマップづくりをしよう
4　宮代町の名所を模した商品開発
日本工業大学の技術をつかっていろいろな金型をつくり商品の型を開発しよう

3回にわたるワークショップの中で、皆さんから出された意見は、「アイデア集、プログラム集」としてまとめ、その中から、実践できるものについてはワークショップの参加者などが主体となって、チームが結成されました。ワークショップから具体的で継続的な活動につながっていきました。

チームこみぞー活動の3年間

具体的な活動につながっていった3事業のうち、〈コスプレイヤーがいつでも楽しい宮代町〉のその後3年間の活動を紹介したいと思います。

〈コスプレイヤーがいつでも楽しい宮代町〉はコスプレを楽しむ皆さんに、商店街のお店などを撮影スポットとして提供し、まち歩きを楽しんでいただくもので、約3年間続けてきました（2017年8月末時点）。

活動名は「チームこみぞー」。リーダーの須藤貴志さんは24年前に宮代商店街の蕎麦屋を継がれた方です。サブリーダーはホームページのデザインを職業とする高橋るみ子さんです。「チームこみぞー」は最初、5人でスタートしました。すぐ1人抜けてしまい4人になってしまったところに、役場職員などが加わり、その後もチームの輪が広がりました。

以前、宮代町で開催された桜イベント（桜市）にコスプレで参加していた40代の男性が須藤さんのお店に寄った時、「コスプレの写真が街中で取れたらいいいな」と言ってきたことがありました。

須藤貴志さんと高橋るみ子さん

第1回目のコスプレ大会の準備をしていた頃の宮代商店街は空き店舗が多かったので、「チームこみぞー」は、商店街でコスプレ大会をやることで商店街の賑わいにつなげていきたいと思いました。

2015年5月17日の初のコスプレ大会（ラブコスみやしろ）に向けて、開催メンバー以外にも声がけして市民、商業者、日本工業大学の学生も加わり、まちを活性化させる、「歩きたくなるまち」をつくるための企画準備を毎月1回のミーティングと飲み会の中での話し合いで進めていきました。コスプレ業界ではリーディング企業である株式会社ミネルバ社長、柴田昭さんの支援を得たことは幸いでした。柴田さんもチームの仲間になりました。

撮影の様子

準備段階では事務的な作業も色々ありましたが、各自、得意な分野で力量を発揮し、やりたいことだけをやり、お互いにああしろこうしろは言わないことを須藤さんは徹底しました。そもそも仕事でやっているのではないので「チームこみぞー」に関わる活動はすべて楽しく進めていきたかったのです。

当日、コスプレ大会の会場となったのは進修館と周辺のお店などです。当日だけのお手伝いで日本工業大学のアイドル研究会の学生にも入ってもらい、30名で当日の運営を行いました。

コスプレ当日はメイン会場であるコミュニティセンター進修館で、参加者の受付や安全に楽しんでいただくための歩行見守りなどをしました。参加者は最初に参加許可証をもらうために1300円払いますが、600円分の金券のバックがあります。イベント当日中であれば、ランチや撮影の帰りに喫茶店でお茶を飲むことや居酒屋でお酒を飲むこともできるようになっていました。

初回のコスプレイベントは手探り状態でしたが、何とか開催できました。2回目に向けて、「チームこみぞー」は毎月、主にコミュニティセンター進修館の2階の無料スペースで、大学関係者、宮代町役場有志、ミネルバの方々などを含めた10人から13人が参加するミーティングを行いました。一番最初の事前準備より参加者は倍以上に増えました。ミーティングが夜9時に終了すると毎回飲み会を開催し、語り合いました。

2年目は、参加したコスプレーヤーたちが、もっと商店街の協力店に立ち寄って商品券を使ってもらうために、初日の受付の時にその説明をきちんとするようにしました。結果、90%の参加者が商品券を使ってくれました。初回が約40%だったことを考えると倍以上に使用率が高まったことになります。

　また、ラブコスみやしろという名称で公式サイトもオープンし、17日にフェイスブックも公開しました。２０１６年開催時の撮影スポット&協力店マップは上記の通りです。

　２０１７年には3回目となり、開催してきた過程で支援者は少しずつ増えてきました。事前準備もコアメンバーの中で役割分担が自然とできていて、困った時はお互いに助け合う体制もできあがってきました。「チームこみぞー」が目指していることは明らかになってきました。それは、コスプレイヤーたちがイベントの日以外も商店街に立ち寄って、お店の人たちといい関係をとってくれることです。

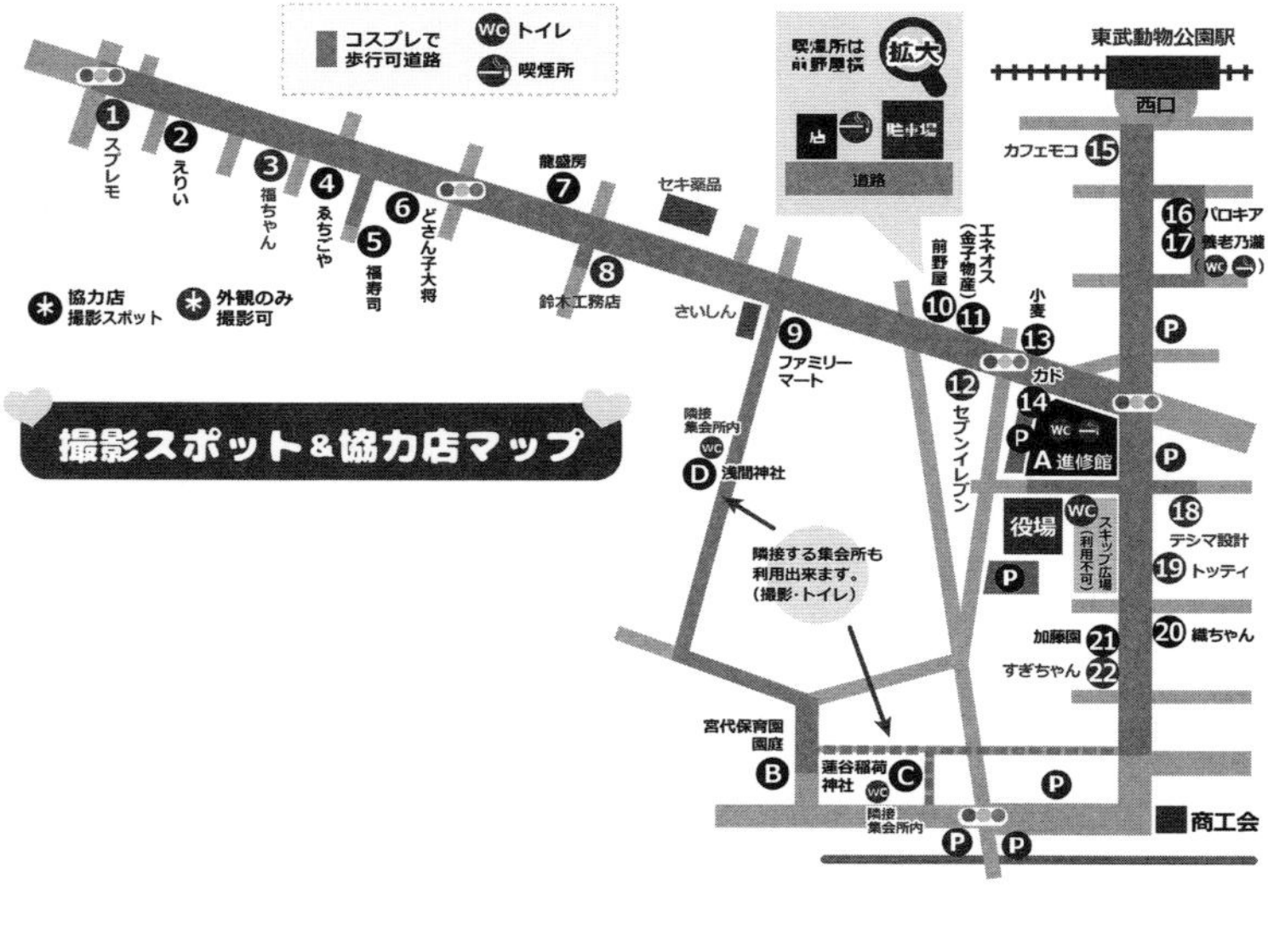

須藤さん、高橋さんは企画側も参加者側も、準備段階を含めて楽しくやっていきたいし、町民にもっとこの活動を知ってほしいと考えています。

この事例から学ぶこと

行政主導のコミュニティ活動として始まっているが、自律的なコミュニティ活動が地域で継続的に行われ、成果を出しています。定期的な対話の拠点ができているところも強みです。その拠点で外部の企業や大学関係者も定期的なミーティングに参加していて、開かれたコミュニティになっています。須藤さんという支援型のリーダーがそれを支えているのがよくわかります。

「チームこみぞー」のような21世型地域コミュニティが宮代町でさらに多くできてくると、物質的な充足感を超えた、仲間がいる喜びを持ったライフスタイル、地域への誇りが育ってくるのではないでしょうか。そのためには特定の課題を抱える宮代町のステークホルダーが、その解決のためにワールド・カフェとOSTを用いたワークショップを開催することを提案したいと思います。

宮代町で最も有名な東武動物公園との協働や、日本工業大学の学生だけでなく宮代町在住の他大学の学生にも活躍の機会があると、コミュニティ活動がさらに活発化してくると考えられますし、著者たちはそれを期待しています。

case 5

日本全国各地に地域包括ケアの21世紀型〈地域コミュニティ〉をつくる

一般社団法人地域ケアコミュニティ・ラボ

開催までの経緯

2025年には、約800万人の団塊の世代が75歳以上になり、現時点でも、特別養護老人ホームへの待機者数が増加し続け、介護保険におけるフォーマルケアの供給が不足しています。これまでの高齢者への医療福祉介護のあり方を根本的に見直さなければ、高齢者を支え切れない状況であることは明らかです。そこで、病院や介護の施設などでなく、在宅で自分らしい暮らしを人生の最後まで続けることができるように自治体職員、医療、介護、福祉の専門職、そして一般市民が連携して地域ぐるみで「地域包括ケアシステム」を実現することが求められています。

「地域包括ケアシステム」とは、住まいを中心に住み慣れた地域の中で、生活上の安全・安心・

健康を担保するために、医療や介護、予防のみならず、福祉サービスを含めた様々な生活支援サービスが日常生活の場で包括的に提供できるような地域での体制のことです。

ここで紹介する「つながる地域包括ケア・カフェ〈つなカフェ〉」を開催している鈴木央さんは、1999年に父親が始めた鈴木内科医院を引き継ぎ、在宅療養支援診療所として、365日24時間対応で在宅患者のケアに当たっています。訪問診療を行うのは、医院の半径2㎞、自転車で15分程度のエリアで、平均して、常時3～4人が在宅でがん疼痛管理を受け、外来で緩和ケアを受けている人もほぼ同数います。それ以外の在宅ケアを受けている人は30～40名前後になります。

在宅医療はチーム医療なので、鈴木さんは地域で

鈴木央さん

いろんな人とつながる必要が出てきました。地域包括ケアでは、専門職の顔の見える連携が大切であるとよく言われます。さらに、専門職間の連携だけでは不十分で、市民の中で地域包括ケアのために意欲的に活動している人たちとつながりを持つことになると、さらにいろんな市民とつながりが出てきます。それが、どんどん広がってくるとネットワーク、さらにはコミュニティになっていきます。

そんなコミュニティにおいて、鈴木さんは、顔が見えるだけでなくて、何を考えているか、どんなバックグランドがあるかということも知ったうえで連携していく「腹の見える関係」が必要であると考えるようになりました。

上記のようなネットワークづくりのために、鈴木さんは数年前から、様々な専門職が集まる場でワールド・カフェを取り入れた対話を行ってきました。組織や専門を超えて、思いや考えを分かち合うことができるワールド・カフェの対話は、相互理解と関係構築において効果をあげてきました。

ワールド・カフェを継続的に行ってきて気づいたのは、課題の共有や課題解決策、企画や実践のアイデアが出ても、それが実行に移されないで放置されていることが多かったことです。ワールド・カフェで出てきた知恵やアイデアを実行に移す話し合いの手法を探していた時に、鈴木さんはOST（オープンスペース・テクノロジー）のことを知りました。このOSTの話し合いを用いて、共通課題を立てて、その解決のために試行錯誤するいくつかのチームをつくっていくことが、一層お互いが腹の見える関係を築くことにつながると考えるようになりました。

腹の見える関係を地域包括ケアのコミュニティの形成につなげていくために、鈴木さんはワールド・カフェとＯＳＴの両方を用いた〈つなカフェ〉をまずは、東京と京都で開催していくことにしました。

目的

２０１７年4月23日（日）に開催された〈つなカフェ〉に地域包括ケアに関心がある、あるいは既に活動をしている医療介護福祉関係者が全国各地から参加しました。

参加者が今、活動しているコミュニティ内の現状をみつめ、改善策を対話をしながら考えることで、参加者一人ひとりが地域包括ケアのコミュニティづくりに向けた行動を考え、最終的には、他の参加メンバーの知恵を借りて行動を具体化することを目指しました。

ワールド・カフェが終わった時点で、地域包括ケアのコミュニティづくりのために新たな企画を立てたり、今のコミュニティを改善していきたいという気持ちになっているように、以下のような問いでワールド・カフェを進行しました。

問いとプロセス

ワールド・カフェの開催前に鈴木さんが、「地域でつながる新しいケアのかたち」についての講演をしました。

さらに、カフェホスト（ワールド・カフェの進行役）を務めた著者（大川）からワールド・カフェの進行方法の説明の後、以下のような問いで3ラウンドの話し合いが行われました（以下の問については、今回の〈つなカフェ〉の企画段階で和泉裕之さんからアドバイスを頂きました）。

第1ラウンド（20分）
あなたが関係者との連携の中で困っていること、モヤモヤしていることは何ですか？
第2ラウンド（20分）
その困りごとを解決するためには、何が必要だと思いますか？
第3ラウンド（20分）
あなたはその課題解決に向け、これからどんな行動を起こしていきたいですか？

ワールド・カフェ終了後、地域包括ケアの推進のために地域コミュニティづくり活動を具体化することを目指してOSTを用いて話し合いを進めました。

生まれてきた活動

テーマ出しの結果、全部で5つの企画提案があり、以下のような地域の活動をテーマにした分科会が生まれました。

・大田区大森：いろんな人が集まるごっちゃまぜの場づくり〈介護関係者と市民のふれあい〉
・桜井市：暮らしの保健室の今後の活動
・埼玉県熊谷市：医療介護福祉がつながる顔の見える会議
・世田谷区：オープン居酒屋
・世田谷区：世田谷居場所サミット計画

〈つなカフェ〉において生まれた企画の中から本書では、奈良県桜井市在住でNPO法人代表の中川征士さんの活動について紹介します。

中川さんは2016年4月に奈良県桜井市にNPO法人「医療と介護のボランティアさくらい」を設立しました。27名のボランティアスタッフと共に、医療や介護をより身近に感じてもらえるようなキッカケづくりの活動をしています。さらに、医療や介護の専門家と地域住民や地域の企業が連携して、まちづくりの活動にも取り組んでいます。

同法人の活動の一つである「暮らしの保健室さくらい」では、市民と医療介護の専門家をつなぐための試みを行ってきました。具体的には、市民と医療介護の専門家の信頼関係づくりのための対話会、地域住民を対象とした医療や介護の相談窓口の開設などに取り組んできました。この活動により、市民が気軽に相談できる医療介護の専門家が市内各地で少しずつ増えてきました。

２０１７年10月に同法人の「暮らしの保健室さくらい」の活動拠点となる事務所の開設にあたり、中川さんは今までと異なる展開を検討していました。そこで、２０１７年４月23日に中川さんが参加し

ワールド・カフェの様子

た〈つなカフェ〉では、桜井市における「暮らしの保健室さくらい」の新たな活動の展開をテーマとして提案しました。

分科会や全体ミーティングでは、他の参加者から、全国の様々な地域での「暮らしの保健室」の今後の活動についてのヒントを得ることができました。一つは多世代交流活動です。幼稚園児とお年寄りの交流活動について知ることができました。また、事務所にカフェスペースをつくり、どの世代の人も集まり交流できるオープンスペースについても他の参加者から情報提供を受けました。

そこで、2017年10月の「暮らしの保健室さくらい」の開設にあたり、保健室の設計や活動に上記の2点を組み込んで、地元桜井市のまちづくり会社と連携しながら、準備を進めています。

中川さんは、地域住民が医療介護をもっと身近に

中川征士さん

感じてもらうために、農地・公共施設・教育施設・商店街・飲食店に出向き、様々な方と協力しながら、医療・介護に関する対話の機会をさらに増やしていくことを計画しています。対話の場づくりを市民—行政—企業と連携して行い、結果としてまちづくりに発展していくような活動にしたいと考えています。

地域包括ケアを推進するための組織づくり

一般的に地域包括ケアシステムを地域で構築していく時の重要なポイントは以下の3点がよく取り上げられます。

①地域の自主性や主体性に基づき、自治体職員、医療、介護、福祉の専門職、一般市民が連携し、地域ぐるみで取り組む
②それぞれの地域の事情や特性に応じた地域包括ケア体制を構築する
③介護と医療の相互理解を進め、協働と連携で地域包括ケアの方針を決定する

鈴木さんは上記の3ポイントを考える時、地域医療における人の輪の広がりを地域包括ケアのコミュニティとするために、従来型のコミュニティでなく、著者たちが本書21ページで解説した

ような21世紀型コミュニティの特徴を帯びる必要があると考えました。

何故なら、従来型のコミュニティは、同じ地域の住民、あるいは同じ組織、同じ専門分野を持った人たちの間で形成され、コミュニティの既存の利益を守ることに注力する傾向があります。そのため、新たに出現した解決すべき問題に真に力を合わせて取り組んでいけないことが多くなっています。お互いが支えあう地域包括ケア体制の構築は、地域の市区町村にとって大きな課題になっているにも関わらず、体制づくりに前進できている地域はごくわずかです。これは、従来型コミュニティの枠組みの中だけで解決しようとしているためなのかもしれません。

そこで鈴木さんは、21世紀型地域コミュニティを構築するには、地域での具体的な活動支援、および、地域で活動を起こしていく21世紀型のコミュニティリーダーの育成が必要であると考えるようになりました。このリーダーは単に従来型のコミュニティのリーダーではなく、地域を横断的に考え、必要な人材を必要なだけ投入し、課題解決を行うことができるリーダーです。

さらに、リーダーが学ぶべきことは、従来の会議で用いられるラウンドテーブル型の対話ではなく、お互いがフラットな関係性の中で、意見を出し合うことのできる話し合いの手法であると考えたのです。すなわち、その手法としては、ワールド・カフェに加えてＯＳＴを行うイベントを各地域で開催することが重要であり、その手法を広く周知する必要があると考えたのです。

そんな地域の活動支援と人材育成のために鈴木さんは、中山健夫さん（京都大学医学部教授）

と著者（大川恒）とともに一般社団法人地域ケアコミュニティ・ラボ（ＲＣＬ）を２０１７年4月5日に設立しました。

当面のＲＣＬの主活動は、以下の3つになります。

①地域包括ケア、在宅医療、健康づくりなどの推進のための地域コミュニティの構築支援のためのワークショップ（ワールド・カフェ、ＯＳＴ、フューチャーアクション・カフェなど）、セミナー、講演会を開催する

②21世紀型地域コミュニティの構築、および越境型リーダーのスキルと知識の習得のための講座を開催する

③多くの地域にとって参考となる、地域包括ケア、在宅医療、健康づくりなどに関わる地域コミュニティ活動とそのリーダーの紹介を行うシンポジウム、セミナー、講演会を行う。

地域包括ケアにとって課題は山積しています。一つは医療介護福祉の連携構築の課題です。お互いの知識のバックグラウンドが異なるため、通常の会議体の中では細かな理解の行き違いや意見の対立が生まれてしまうことが少なくありません。また、個人的な意見としては、地域包括ケア構築に前向きであるものの、従来型コミュニティ（多くは職能団体）の一員としては、そのコミュニティの利益を守る（報酬に見合わない仕事を増やさない）方向で意見せざるを得ないこと

もしばしばあります。このため、お互いが腹の底から理解しながら協働することができないという意見が多くの地域から聞こえてきます。

しかしながら、ある課題に対して対等な関係性の中で、議論を行うワールド・カフェと課題解決に向けて自ら提案を行うOSTを連続的に行う〈つなカフェ〉においては、この場所で課題解決のためのコミュニティである21世紀型のコミュニティが形成されます。この21世紀型のコミュニティが地域包括ケアの課題解決に重要であることは前項で述べたとおりです。

当面は、〈つなカフェ〉を東京と京都など大都市での開催する予定ですが、来年以降は、さらに地方都市や小さな町や村からの要望に応じて、市区町村単位でつなカフェを開催し、地域包括ケアのためのコミュニティづくりの活動支援を行っていきたいと考えています。

理事たちだけで全国でつなカフェを開催することは極めて困難です。そのために、つなカフェを開催できるファシリテーターを養成していきたいと思っています。

この事例から学ぶこと

当面は、〈つなカフェ〉が東京と京都での開催が中心になるのは仕方ありませんが、ホームページの開設などで認知度を高めることで日本全国の地域開催に広げていくことが望まれます。

全国で活動している越境型リーダーや21世紀型コミュニティの紹介を兼ねた交流会やセミナーを開催することで、ＲＣＬの活動をさらに多くの地域医療に関わる方に伝えることができるでしょう。

おわりに

某市役所では、総合計画立案のために市民参加型のワールド・カフェを90回近く開催しました。終了後にとったアンケートで市民から一番多かった要望は〈地域コミュニティづくり〉だったそうです。また、地域でコミュニティづくりをしていきたい全国の知り合いがどのように進めたらよいかわからないので悩んでいることも著者たちは知っていました。

本書に掲載されているようなコミュニティづくりにワールド・カフェを活かす支援を筆者たちは全国で行ってきました。また、2015年の時点で、本書に掲載したいくつかの事例がすでに進行中で、そこではコミュニティづくりにワールド・カフェが効果的に用いられていたのです。

そこで、ワールド・カフェを活かして、地域コミュニティづくりをしていきたい方に役に立つように、本書を執筆することにしました。

全国各地の様々な分野でのワールド・カフェから始まるコミュニティづくりの実践を5事例掲載できましたが、紙数の関係で、一部しか取り上げられませんでした。

本書に掲載した実践事例は、次の皆様のご協力と支援により可能になりました。大変お忙しい中、インタビューにご協力いただき、ワールド・カフェから始まるコミュニティづくりの事例をご紹介くださった以下の5名の皆様に心から厚く御礼申し上げます。ありがとうございました。

桜井市本町通・周辺まちづくり協議会　岡本健
塩尻市役所　山田崇
非営利型株式会社Polalis　市川望美
宮代町役場　栗原聡
鈴木内科医院　鈴木央

また、この本を執筆するにあたり貴重なアドバイスを下さった学芸出版社の中木さんと、本書を購入し、ここまで読み進めてくれた読者の皆様に心から感謝申し上げます。全国で様々なテーマの地域コミュニティの創造が求められている今、本書が地域コミュニティづくりのお役に立てることを心から願っています。

香取一昭、大川　恒

参考文献

香取一昭、大川恒『ワールド・カフェをやろう！』日本経済新聞出版社、２０１７

アニータ・ブラウン、デイビッド・アイザックス／ワールド・カフェ・コミュニティ著、香取一昭、川口大輔訳『ワールド・カフェ―カフェ的会話が未来を創る』ヒューマンバリュー、２００７

香取一昭、大川恒『ホールシステム・アプローチ』日本経済新聞出版社、２０１１

ハリソン・オーエン著、ヒューマンバリュー編集、監修、翻訳『オープン・スペース・テクノロジー』ヒューマンバリュー、２００７

香取一昭、大川恒『俊敏な組織をつくる10のステップ』ビジネス社、２０１２

マーヴィン・ワイスボード 、サンドラ・ジャノフ著、香取一昭、ヒューマンバリュー訳『フューチャーサーチ』ヒューマンバリュー、２００９

ダイアナ・ホイットニー、アマンダ・トロスブルーム『ポジティブ・アプローチ』ヒューマンバリュー、２００６

ＮＴＴメディアスコープ『コミュニティ・マーケティングが企業を変える』かんき出版、２００４

飯田美樹『Cafeから時代は創られる』いなほ書房、２００８

ピーター・センゲ『学習する組織』英治出版、２０１１

広井良典『コミュニティを問い直す』ちくま新書、２００９

エティエンヌ・ウェンガー、リチャード・マクダーモット『コミュニティ・オブ・プラクティス――ナレッジ社会の新たな知識形態の実践』翔泳社、２００２

デヴィッド・ボーム『ダイアローグ―対立から共生へ、議論から対話へ』英治出版、２００７

マーヴィン・ワイスボード、サンドラ・ジャノフ『会議のリーダーが知っておくべき10の原則』英治出版、２０１２

アダム・カヘン『てごわい問題は対話で解決する』ヒューマンバリュー、２００８

Harrison Owen"*Spirit of leadership*"Berrett-Koehler, 1999

Harrison Owen"*Expanding Our Now: The Story of Open Space Technology*"Berrett-Koehler, 1997

E. Wenger & W. M. Snyder"*Communities of Practice*"Harvard Business Review, 2000

Peggy Holman, Tom Devane, Steven Cady"*The Change Handbook*"Berret-Koehler, 2006

"*Conversational Leadership: Thinking Together for a Change*"Oxford Leadership Journal, March 2010, Volume1, Issue2

香取一昭 Katori Kazuaki
組織活性化コンサルタント。マインドエコー代表。
1943年千葉県生まれ。東京大学経済学部を卒業後、1967年に日本電信電話公社（現在のNTT）に入社。米国ウィスコンシン大学でMBA取得。NTTニューヨーク事務所調査役、NTT理事・仙台支店長、NTTラーニングシステムズ常務、NTTナビスペース社長、NTTメディアスコープ社長、NTT西日本（株）常勤調査役を歴任し、学習する組織の考え方に基づいた組織変革を推進。
現在は、ワールドカフェ、AI、OST、フューチャーサーチなど一連のワークショップ手法の普及活動を展開している。著書に『ワールド・カフェをやろう 新版』『ホールシステム・アプローチ』『俊敏な組織をつくる10のステップ』『コミュニティ・マーケティングが企業を変える』など、訳書に『ワールド・カフェ』『フューチャーサーチ』などがあり、組織変革、人材開発、マーケティングなどの分野で講演や論文多数。
（関連サイト）https://www.mindechoe.com/
https://www.facebook.com/mindechoe/
（E-mail）k.katori@gmail.com

大川　恒 Okawa Kou
組織変革コンサルタント。株式会社HRT代表取締役。一般社団法人地域ケアコミュニティ・ラボ代表理事。ワールド・カフェ・コミュニティ・ジャパン（WCJ）代表。日経ビジネススクール講師。
1961年北海道生まれ。早稲田大学第一文学部卒業。シカゴ大学経営大学院でMBA取得。ワールド・カフェ、OST、AI、フューチャーサーチのファシリテーターの養成講座を開催している。また、「ワールド・カフェから始まるコミュニティづくりセミナー」を含めたコミュニティづくりの支援事業を展開している。
さらに農商工連携、地域包括ケア、健康づくりなどをテーマに〈講演＋ワールド・カフェ＋OST〉を開催している。また、セミナー・ワークショップを組み込んだ以下のような共創型コンサルティングを展開している。
・ダイアログ、ホールシステム・アプローチ（ワールド・カフェ、AI、OST、フューチャーサーチ）を使った組織開発コンサルティング
・学習する組織構築のための組織変革コンサルティング
著書に『ワールド・カフェをやろう 新版』『ホールシステム・アプローチ』『俊敏な組織をつくる10のステップ』などがある。
（関連サイト）http://www.infohrt.com/
http://areacare.or.jp/
https://sites.google.com/site/wholesyscafe/
（E-mail）mail@infohrt.com

ワールド・カフェから始める
地域コミュニティづくり
実践ガイド

2017年11月20日　第1版第1刷発行

著　者………香取一昭・大川　恒
発行者………前田裕資
発行所………株式会社学芸出版社
〒600-8216
京都市下京区木津屋橋通西洞院東入
電話 075-343-0811
http://www. gakugei-pub. jp/
Email info@gakugei-pub. jp

装　丁………上野かおる
イラスト………鈴木沙代
編集デザイン………(株)ケイエスティープロダクション
印　刷………イチダ写真製版
製　本………山崎紙工

ISBN978-4-7615-2661-0　Printed in Japan